Mein Dezember buch

Kindergeschichten für jeden Tag im Winterweihnachtsmonat

Mit Erzählungen von
Elke Bräunling, Vivi Heider,
Christel Müllenbach und Irene Wirth

Mit farbigen Illustrationen von
Jenny Dalenoord

Gütersloher Verlagshaus

Inhalt

Die Weihnachtskartoffel

Einige Jahre ist es schon her, da lebte tief im Erdinneren eine riesige dicke, runde Kartoffel.

Die Erntezeit rückte heran und sie war immer noch in der Erde. Wühl- und Erdmäuse und sogar der samtige Maulwurf hatten schon nachgefragt:

»Warum gehst du nicht fort wie die anderen? Alle deine Freundinnen sind bereits aus der Erde geholt, in Säcke geworfen und weggefahren worden, worauf wartest du noch?«

»Auf Weihnachten«, entgegnete leise die Kartoffel und faltete die kurzen Hände über dem runden Bauch.

»Ich will Weihnachten erleben und vielleicht werde auch ich ein Festtagsschmaus.«

»Du?« Die Tiere lachten.

»Du doch nicht! Du bist doch nur eine Kartoffel! Keiner isst dich an einem Festtag wie diesem. Da gibt es Fleisch, Braten – verstehst du? Gänse, Enten, Würste, Karpfen, Puter, Lachs – dazu fette Soßen und dicke Knödel. Kaum jemand wird wohl Gemüse oder Salat essen, wo es doch diese vielen guten Dinge gibt. Als Nachspeise gibt es dann süße Pfannkuchen oder Eis mit heißen Himbeeren, Schlemmerpuddings und

1.Dezember

Torten und Kuchen, – alles Dinge, wovon unsereins nur träumen kann.

»Leider«, fügte der Maulwurf traurig hinzu, denn er war ein Schlemmer.

Die Zeit verging, es war Winter geworden.

Es war nicht kalt, hatte einige Male geregnet und dadurch war die Frucht nun auch wieder prall und rund geworden.

Die Kartoffel fühlte sich überhaupt viel munterer als im Sommer, sie war unruhig und ihre Augen begannen zu jucken, geradeso als würden neue Triebe sprießen!

Doch das war ja nicht möglich, das gab es ja nur im Sommer zur Kartoffelzeit, – oder?

Eines Morgens aber spross Grün aus der Erde und einige Tage darauf begannen sich feste junge Triebe zu entfalten!

Die Blüten öffneten sich genau am 24. Dezember gegen Mittag und die Kartoffel seufzte:

»Nun ist Weihnachten, – ich bin jetzt eine Weihnachtskartoffel geworden. Wenn mich nun noch jemand mitnimmt und mich als Festtagsspeise isst, bin ich vollends glücklich.«

Der Maulwurf, die Wühl- und die Erdmaus staunten und flüsterten: »Seltsam, noch nie gesehen, es ist unglaublich!«

Und sie krochen wieder in ihre Höhlen und verzehrten Würmer und Wurzeln, wie es sich gehörte, auch an einem Festtag.

Still war der Tag, die Sonne schien und danach fiel ein bisschen Regen.

1.Dezember

Die Blüten winkten im leichten Wind und die Kartoffel träumte unter der Erde ...

Gegen Nachmittag kam Robert, der Landstreicher, mit seinem Hund Lika daher.

»Hab ich Kohldampf«, brummte er, »reiß ich mir eben das Grünzeug aus, brat ich mir Kartoffeln.«

Und er entzündete ein Lagerfeuer, holte seinen Topf aus dem Rucksack und bereitete sich von der dicken, riesigen Kartoffel eine heiße Speise. Und seltsam – sie schmeckte ihm fast so gut wie Braten! Braten wie in früheren Zeiten, als er den noch gegessen hatte.

Und als der Heilige Abend vorbei war und er in seinen Topf sah, lag immer noch eine heiße Kartoffel darin.

Und auch am 2. Feiertag!

Selbst Lika, der Hund, bekam etwas davon ab, die Frucht war erst am 27. Dezember ganz aufgegessen.

So gestärkt beschloss Robert, nochmals beim nächsten Hof anzufragen, ob man dort nicht im neuen Jahr einen Helfer gebrauchen könne. Und weil der Bauer Fridolin Fichte immer Leute für seine Schafzucht suchte, bekam er auch sofort eine Anstellung als Schäfer. »Und im Frühjahr kannst du Kartoffeln pflanzen«, meinte der Bauer. Da musste Robert lächeln. »Klar doch«, meinte er, »wenn die auch so wunderbar schmecken wie die, die ich in den letzten drei Tagen verspeist habe, soll es mir recht sein.«

Und ich weiß nicht, wer über all der Zufriedenheit am frohesten war:

Robert, sein Hund Lika, der Bauer oder die Weihnachtskartoffel – was meinst du?

Vivi Heider

Mia und das Schneemännlein

Mia blickt in den Winterhimmel und träumt. Sie träumt weiß. Von einem Winter mit viel Schnee. Noch nie hat Mia einen echten Schneewinter erlebt. Ehrlich gesagt kennt sie den nur aus Bilderbüchern und aus dem Fernseher. Das findet Mia nicht schön. »Komm endlich, Schnee!«, ruft sie in den Himmel hinauf. »Ich will Schlitten fahren, einen Schneeman bauen und auf eine Schneeballschlacht hätte ich auch Lust.«

Mias Eltern aber sagen: »Der Schnee mag nicht kommen! Es ist ihm bei uns zu warm und oft auch viel zu schmutzig.« Dann erzählen sie, wie schön es früher im Winter gewesen ist, als sie selbst noch Kinder waren. Mia seufzt. Traurig blickt sie zu der dicken Wolke am Himmel. »Bring Schnee!«, ruft sie ihr zu. »Geht nicht!«, antwortet es von der Wolke, und ein Männlein, das wie ein klitzekleiner Schneemann aussieht, hüpft von der Wolke herunter und verbeugt sich vor Mia. »Waldemar Schnebulus ist mein Name!«, schnarrt es mit quäkender Stimme. »Ich bin ein Ururgroßneffe des Schneekönigs.«

Wie bitte? Mia kann es nicht glauben. »D-der Ururgroßneffe des Schneekönigs?«, fragt sie. »Es gibt keinen Schneekönig und schon gar nicht gibt es kleine Schneemännlein, die von Wolken hüpfen!« »Hihihi«, kichert Waldemar Schnebulus. »Mich soll's nicht geben? Hahaha! Hihi! Hoho!«

Und das Schneemännlein lacht und lacht. Es scheint gar nicht mehr aufzuhören. Mia wird ganz schwindlig. Schnell schließt sie die Augen. Erst als Waldemar Schnebulus seinen Redeschwall beendet, blickt sie wieder auf. Was aber ist passiert? Wo ist sie? Da ist ja gar nicht mehr ihr Garten! Nein, sie steht in einem fremden Land mitten im Schnee!

Mia sieht sich erstaunt um: Schnee! Überall liegt Schnee! »Toll!« ruft sie aufgeregt. »Wo sind wir?«

»Im Schneeland«, antwortet Waldemar Schnebulus. »Wo sonst? Du wolltest doch Schnee, oder wie oder was?« Mia blinzelt. Hell glitzern Schnee und Eis im Sonnenlicht, so als funkelten überall viele kleine Sternchen. Und mitten in diesem Glitzerland liegt unter einer Wolke ein runder, dunkler See.

»Schön ist es hier«, sagt Mia. »Nur der See ist unheimlich. Er passt nicht in dieses Glitzerland. »Das ist der dunkle Schneesee«, antwortet Waldemar Schnebulus. »Sag bloß, du hast noch nie etwas von ihm gehört?«

Mia schüttelt den Kopf. Dann stapft sie zum See hinüber. Da ist ja auf einmal Musik!? Leise, wie von weit her tönt sie durch die Eisluft. Es klingt wunderschön. In ihrem Takt steigen Wassertropfen aus dem See. Sie spiegeln sich im Licht, werden weiß und weißer und verschwinden in der Wolke. »Das sind Schneesterne!« erklärt Waldemar und deutet auf die Wassertropfen. »Sie sammeln sich in der Wolke.« »Toll!«, staunt Mia. »Und woher kommt die Musik?«

Waldemar kichert. »Von den Wintergeistern! Sie feiern ihr Winterfest, und da geht es hoch her. Alle sind nämlich dabei: der Schneekönig, seine Prinzessinnen, die Eisgrafen, Reiffürsten, Kristallzwerge, Eisblumenelfen und Flockengeister. Sie feiern so lange, bis die Wolken ihren Schneeflockenvorrat aus dem dunk-

len Schneesee aufgesammelt haben. Dann brechen sie mit den Wolken auf zur Erde.«

»Und dann schneit es?«, ruft Mia. Waldemar Schnebulus nickt. Dann kichert er wieder. »Manchmal aber – hihi – sind sie so ausgelassen und fröhlich, dass sie vergessen, weshalb sie eigentlich feiern. Ja, und dann bleiben Schnee und Eis auf der Erde aus.« Mia staunt noch mehr. »Schneit es deshalb bei uns nicht?« »Vielleicht. Aber ganz unschuldig seid ihr Menschen auch nicht. Oft nämlich haben wir Wintergeister keine Lust euch zu besuchen. Zu schmutzig ist es an manchen Orten und zu warm. Weißt du, Wärme mögen Wintergeister überhaupt und gar nicht leiden!« »Schade«, sagt Mia. Dann aber stellt sie sich vor, wie ein schwitzender Wintergeist wohl aussehen mag, und muss auch kichern.

Währenddessen ist die Schneeseewolke ganz dick geworden und zieht nun langsam zu Mia und Waldemar herüber. »Los«, ruft Waldemar. »Spring auf!« Das lässt sich Mia nicht zweimal sagen. Sie fasst Waldemar an der Hand und schon hüpfen beide auf die Wolke. Ein aufregender Wolkenritt über ein zuckerwatteweißes Land beginnt. Staunend blickt Mia auf die Schneeland-

schaft mit ihren Abermillionen kleiner glitzernder Schneesternchen. »Es ist wie in meinen Bilderbüchern«, ruft sie und klatscht vor Freude in die Hände. »Hoffentlich schneit es bei uns auch bald!« Da fängt die Wolke an zu schneien. Ein wirbeliges Schneegestöber strudelt aus ihr heraus und die Wolke wird kleiner und kleiner. Dann purzelt auch Mia durch die Luft. Sanft landet sie im Garten mitten im Sandkasten. Mia schüttelt sich. »Waldemar, wo steckst du?« Ihr neuer Freund aber ist verschwunden. Komisch, denkt Mia. Hab ich alles nur geträumt? Prüfend blickt sie zum Himmel hinauf. Da ist ja noch die Wolke von vorhin! Mia schnuppert. Es riecht nach Schnee, irgendwie, oder? Vielleicht schneit es ja bald doch noch?

Elke Bräunling

2. Dezember

Schnipp und Schnapp

Es waren einmal zwei Raben, die hießen Schnipp und Schnapp.

Die hatten in ihrem Leben noch nichts geklaut.

Die wussten gar nicht, was das ist. Und wussten erst recht nicht, wie das geht.

Aber eines Morgens im November erzählte ihnen eine Eule von Weihnachten bei den Menschen. Sie kannte sich mit den Menschen aus, denn sie wohnte auf dem Speicher eines alten Miethauses.

»Also, das ist so mit Weihnachten«, begann sie und flog ganz dicht an die beiden Raben heran.

»Weihnachten ist ein Glitzerfest. Ein Glitzer-Glimmer-Schenk-und-Feier-Fest. Bei den Menschen.«

So sprach die Eule und wiegte bedächtig ihren Kopf dabei.

Schnipp und Schnapp verstanden gar nichts.

»Na und?«, fragte schließlich Schnipp zurück.

»Na und?«, meinte die Eule gekränkt.

Sie sträubte ihre Federn.

Schnipp und Schnapp sahen sich an.

»Muss man denn als Rabe an Weihnachten auch etwas schenken?«, fragte Schnapp.

»Alle tun es«, erwiderte die Eule.

»Ihr könnt offenbar nicht stehlen wie alle Raben? Dann werde ich euch bei der Vogelsitzung verpfeifen. Raben müssen stehlen, das weiß jeder. Und wenn ihr es nicht könnt, dann lernt ihr es eben. Alle Raben stehlen, merkt euch das. Könnt ihr es nicht, werden wir euch vertreiben. Die Menschen erwarten das von uns. Also lernt klauen, dann könnt ihr euch etwas schenken. Ich komme wieder vorbei!«

Und die Eule flog davon.

Schnipp saß da und dachte nach.

Und auch Schnapp saß da und dachte nach.

»In meinem Bauch rumort die Sehnsucht«, meinte endlich Schnipp.

3. Dezember

»Ich will auch das Stibitzen lernen«, sagte Schnapp.

»Dann können wir uns zu Weihnachten etwas schenken, genau wie die Menschen«, sagte Schnipp.

»Und wenn wir nicht lernen, wie das Stibitzen geht, gehen wir leer aus«, erklärte Schnapp.

»Gleich morgen fangen wir an, es zu üben«, meinte Schnipp.

»Dann wollen wir jetzt ordentlich ausschlafen«, erwiderte Schnapp.

Morgens flogen sie getrennt fort.

Schnapp flog zum Weihnachtsmarkt, Schnipp sollte es nicht sehen.

Schnipp flog auch zum Weihnachtsmarkt. Dafür machte er einen Umweg, denn auch er wollte nicht gesehen werden.

Was gab es da nicht alles zu entdecken!

Es funkelte und glitzerte, genauso wie es die Eule gesagt hatte. Eine Pracht war das!

»Ich hätte nicht gedacht, dass das Fliegen so viel schwerer ist mit einer goldenen Kette«, dachte Schnipp und erhob sich in die Luft.

»Donnerwetter«, dachte auch Schnapp, »diese breiten Armringe ziehen ganz schön nach unten, hätte ich nie gedacht!«

Und auch er flatterte mühsam in der Luft.

Aber der Anfang war gemacht.

Und beide Raben übten fleißig den ganzen Dezember lang.

Schließlich hatten sie genug gesammelt.

Schnipp hatte in seinem Nachtnest im Baum schöne Dinge gehortet: Glitzernde Brillengläser. Vierundzwanzig Taschenspiegel. Siebenundfünfzig Lichterketten für den Weihnachtsbaum. Und zwölf Ohrringe.

Schnapp dagegen hatte eine Unmenge bunter Christbaumkugeln gesammelt, besser gestohlen. Und vier dicke alte Dampfnudeln hatte er gestern mitgehen lassen. Die wollte er Schnipp überreichen, weil der so gerne Mehlspeisen fraß.

Für sich hatte Schnapp noch eine kleine Flasche Glühwein geklaut. Glühwein, der so gut auf dem Weihnachtsmarkt gerochen hatte. Den wollte er unbedingt probieren.

Am Abend des 23. Dezember trafen sie sich in einer Astgabel.

»Gib mir auch von deinem Glühwein«, forderte Schnipp.

3.Dezember

Nur ungern gab ihm Schnapp davon ab.

Aber schließlich tranken sie zusammen die Flasche aus. Und es war noch gar nicht Festtag!

»Das ist gut«, meinte Schnipp, und er warf sich betrunken in sein Baumnest.

»Her-vor-ragend!«, krächzte Schnapp und fiel in sein Schlafnest.

In seinem Kopf brummten tausend Bienen und er war bleischwer vor Müdigkeit ...

Da kam einer, der nahm mit, was er erwischen konnte. Ein richtiger Räuber war das, spezialisiert auf Glitzerdinge.

Morgens erwachten die beiden Gesellen und hielten sich die Flügel vor die Augen.

»Ich glaube, ich habe Kopfschmerzen«, wisperte Schnipp. Schnapp erwiderte gar nichts, ihm war furchtbar schlecht. Und sie merkten auch gar nicht, dass ihre Nester leer geräumt waren. Sie waren mit sich selbst beschäftigt.

Abends aber, als alle Glocken der Stadt ihre Klänge in den Wald herübertrugen, fiel es ihnen ein:

»Schnipp«, meinte Schnapp kleinlaut, »ich finde meine Geschenke für dich nicht mehr!«

»Schnapp«, erwiderte Schnipp, »mir geht es ebenso! Aber es geht mir wieder viel besser, dir auch?«

Da nickte Schnapp und kuschelte sich ganz eng an seinen Freund. Dann wurden sie wieder sehr müde und verschliefen die stille Weihnachtsnacht.

Die Eule kam drei Tage später.

Sie wollte sich nach dem Weihnachtsfest der Raben erkundigen. Auch wollte sie nachfragen, ob sie nun ordentlich stehlen konnten wie alle Raben. Denn immer noch glaubte sie diesen Unsinn.

Doch kaum hatten die zwei Freunde die Eule entdeckt, zeterten sie und jagten und erschreckten sie und schrien hinter ihr her. Denn sie glaubten, dass die Eule ihre Weihnachtsgeschenke genommen hatte.

Die Eule aber beschloss, diese beiden schwarzen Vögel künftig in Ruhe zu lassen.

Vivi Heider

Das Fenster am Himmel

Es ist Winter. Während draußen die Kinder im Schnee spielen, muss Marie im Bett liegen. Sie ist krank. »Doofes Fieber«, denkt sie. »Ich wäre so gerne draußen. Blöde Grippe.«

Im Haus ist es still. Die Mutter ist einkaufen. Großvater sitzt im Sessel und hält sein Mittagsschläfchen. Sein Atem ist gleichmäßig. Nur manchmal schnauft er ein wenig. Dann muss Marie lächeln. Aber auf die Dauer macht das Zugucken allein keinen Spaß. Ihr Blick schweift durchs Zimmer. Es ist so furchtbar ruhig hier. Nur die Uhr tickt leise ihre Sekunden vor sich her. Tick, tack, tick, tack, immer im gleichen Rhythmus, tick, tack, tick, tack.

Ich muss Opa wecken, denkt Marie, dann ändert sich alles. Um ihn nicht zu erschrecken hüstelt sie vorsichtig. Aber das ist zu leise. Sie beginnt kräftiger zu husten.

Großvater schnarcht kurz, ein paar Seufzer folgen, und er öffnet die Augen und schaut zu Marie.

»Oh, ich bin wohl kurz eingenickt«, sagt er entschuldigend.

»Opa«, beginnt Marie, »Opa, mir ist langweilig.«

»Das kann ich verstehen«, sagt Großvater. »Es ist aber auch zu schade, daß du bei so einem schönen Schneewetter krank bist. Was machen wir denn, damit dir nicht mehr langweilig ist?«, will er von Marie wissen.

»Opa, kannst du mir eine Geschichte erzählen?«, fragt sie bittend.

Der Großvater überlegt. Was soll er nur erzählen? Er schaut aus dem Fenster. Da entdeckt er am Himmel einen kleinen blauen Fleck. Es ist, als ob der Himmel ein Fenster hätte.

»Hab ich dir schon die Geschichte von dem Fenster am Himmel erzählt?«, fragt er nachdenklich.

»Nein, Opa, die hast du mir noch nicht erzählt«, sagt Marie und ist froh, dass Großvater wieder eine neue Geschichte weiß.

»Also«, beginnt der Großvater, »es war an einem kalten Wintertag, so wie heute. Die Wolken hatten sich zu einer Konfe-

4.Dezember

renz versammelt. Alle Schneewolken waren gekommen, die kleinen und auch die dicken. Da waren die Blumenkohlwölkchen, die Schäfchenwölkchen, die Federwölkchen und die Schleierwolken und wie sie sonst noch alle hießen.

Die Wolken kamen von überall her. Es waren Tausende und noch viel mehr. Sie schoben sich in mehreren Reihen unter- und übereinander und bedeckten den ganzen Himmel. So bildeten sie eine dicke Wolkendecke.

Sie hatten sich zu einer geheimen Konferenz getroffen. Das sah man daran, dass sie den ganzen Himmel total zudeckten.

Ab und zu hörte man ein donnerndes Grollen und Raunen hinter der Wolkenwand. Es hat wohl ein riesiges Donnerwetter gegeben. Einige Wolken ärgerten sich, blähten sich auf und färbten sich dann dunkelgrau, so wütend waren sie. Dann ließen sie Dampf ab. Das konnte man leicht erkennen, denn Dampf ablassen bedeutet bei den Schneewolken, dass sie sich einen Spaltbreit öffnen und dann wütend ein paar hunderttausend Schneeflocken hinausstoßen, die dann zur Erde wirbeln. So geschah es auch an diesem Konferenztag. Auf der Erde war es dunkel und es schneite dicke Flocken. Doch hinter der grauen Wolkenschicht war der Himmel strahlend blau. Und dort sprang ein kleiner Stern aufgeregt hin und her.

Er ärgerte sich, dass ihm die Sicht zur Erde versperrt war. »Doofe Wolken«, schimpfte er, »blöde Konferenz! Ich kann es nicht ausstehen, wenn ich eingesperrt bin. Ja eingesperrt, so komme ich mir vor.« Dabei stampfte er mit den Füßen und stach mit seinen Sternzacken immer und immer wieder in die Wolkenschicht.

»Wer stört uns da die ganze Zeit?« – »Au.« – »Hör endlich auf!« und »Na, na, na!«, beschwerten sich die Wolken.

»Ich will doch nur ein kleines Guckloch, damit ich auf die Erde schauen kann«, erklärte der kleine Stern.

»Das geht jetzt nicht!«, brummte die dicke Wolke rechts neben ihm. »Wir halten eine Geheimkonferenz ab«, fügte sie wichtig hinzu.

»Es muss aber gehen!« forderte der kleine Stern. »Schließlich habt ihr mich ja auch nicht gefragt, ob ihr euch vor mich schieben dürft«, erklärte er stolz.

4. Dezember

»Dich gefragt? Das wäre ja noch schöner«, höhnte die linke Wolke. »Der Himmel ist für uns alle da.«

»Na eben!«, fiel der kleine Stern ein. »Und darum müsst ihr mir Platz machen.«

»Die Wolkendecke bleibt zu und damit basta«, dröhnte die dicke Schneewolke.

Da kam ein größerer Stern dem kleinen Stern zu Hilfe.

»Was habt ihr gegen ein kleines Guckloch? Eure Wolkenschicht ist doch so dick, dass garantiert nichts von eurer Besprechung durchsickert. Wir Sterne können ja noch zusätzlich um das Guckloch unsere Zacken ausbreiten. Dann bleibt ansonsten die Wolkendecke geschlossen. Was haltet ihr davon?«

Nach einer kurzen Beratung stimmten die Wolken dem Vorschlag zu. Immerhin war das besser, als die ganze Zeit von dem kleinen Stern gepiekst zu werden. Das »Au« und »Oh« störte nur ihre Konferenz. Also einigten sie sich auf das Fenster.

Der kleine Stern freute sich riesig. Er bedankte sich, wenn auch mehr beim großen Stern als bei den Wolken, und versprach, die Konferenz nun auch nicht mehr zu stören. Freudig blinkte er hinaus.

Ja, so entstand das Fenster am Himmel. Und wenn das Fenster offen ist und man genau hinsieht, dann kann man sogar von hier unten aus den goldenen Rahmen erkennen.

Marie lächelt müde. Ihr hat die Geschichte gefallen. Bald schläft sie ein und träumt vom kleinen Stern.

Christel Müllenbach

4.Dezember

Janas Weihnachtswunsch

Jana hat nur einen einzigen Weihnachtswunsch. »Ich wünsche mir, dass Opa mir viele Geschichten erzählt und Oma mit uns Plätzchen backt, so wie früher!« Das aber ist ein Wunsch, den ihr ihre Eltern nicht erfüllen können. Sie sind nämlich böse mit Oma und Opa. Warum, das weiß Jana nicht. Traurig sitzt sie am Fenster. Es schneit, und gegenüber funkelt weihnachtlich ein Lichterbaum zu Jana herauf. Jana aber fühlt sich nicht weihnachtlich. Ohne Oma und Opa ist Weihnachten nicht Weihnachten! Jana seufzt. Was kann sie nur tun?

»Schreib doch an den Weihnachtsmann!«, schlägt Babsi vor.

Das ist eine gute Idee. Am Abend legt Jana den Brief vors Fenster und in der Nacht fegt ihn ein Windstoß vom Fensterbrett. Er saust – huii – über die Straße und landet vor der Bäckerei Taufer.

»Nanu«, ruft Bäckergeselle Benno, als er morgens zur Arbeit kommt. »Wohnt hier der Weihnachtsmann?« Die Bäckersfrau schüttelt missbilligend den Kopf. »Weihnachtsmänner gibt's hier nur aus Schokolade oder Hefeteig.« Sie blickt auf den Absender. »Ach, der ist von Jana.« Sie beschließt, den Brief in die Brötchentüte für Janas Eltern einzupacken.

Weil es aber morgens in einer Bäckerei sehr eilig zugeht, packt sie den Brief in die falsche Tüte und so landet er bei Familie Pfeifer. »Oh, ein Brief an den Weihnachtsmann«, sagt Herr Pfeifer. Die Pfeiferkinder Anne und Tim kichern. »Zeig!«, rufen sie. »Nein«, sagt Frau Pfeifer. »Ihr seid keine Weihnachtsmänner! Den Brief werde ich zu Janas Eltern bringen. Eltern müssen zusammenhalten!« Anne und Tim aber sind da anderer Meinung. Sie stibitzen heimlich den Brief aus Mutters Tasche und werfen ihn in einen Postbriefkasten.

So landet Janas Brief auf dem Schreibtisch von Postmeister Mecker. »Unerhört«, brummt er, »ein Brief ohne Briefmarke und Adresse?« Und weil er sehr schlecht gelaunt ist, findet er das gar nicht komisch. »Weihnachtsmann? Will uns da jemand auf den Arm nehmen? Oh nein!« Er greift zu seinem Stempel und drückt ein dickes »Zurück an den Absender« auf den Brief.

So landet der Brief wieder in Janas Straße im Briefkasten Nr. 15a und der gehört Babsis Familie. Babsi wundert sich. Jana wohnt doch in 15b!? »Sowas!« murmelt sie und beschließt, die Sache mit dem Brief nun selbst in die Hand zu nehmen. Als sie mit ihrer Mutter zum Einkaufen geht, drückt sie den Brief dem Weihnachtsmann, der im Kaufhaus zwischen Teddys und Modelleisenbahnen sitzt, schnell in die Hand. Der verblüffte Kaufhausweihnachtsmann begreift nicht, wie ihm geschieht. Er ruft »He!« und »Was soll das?«, dann nimmt er den Brief, steckt ihn in die Tasche seines roten Mantels und vergisst ihn da.

Am Abend sieht Kaufhauschef Großkopf in der Garderobe den Weihnachtsmannmantel hängen. »Guter Gag!«, murmelt er. »Den nehme ich heute abend mit auf die Weihnachtsparty!« Es ist eine langweilige Party und da zieht Herr Großkopf den Mantel an und tut, als sei er der Weihnachtsmann. Alle finden dies furchtbar komisch und lachen, denn dieser verrückte Weihnachtsmann erzählt einen Witz nach dem anderen. Herr Großkopf aber fängt an zu schwitzen. Er sucht in der Manteltasche nach einem Taschentuch und findet Janas Brief. »Was haben wir denn da?«, ruft er. »Ein Brief an mich, den Weihnachtsmann, persönlich!« Er reißt den Umschlag auf und liest Janas Brief vor:

Lieber Weihnachtsmann,
weil ich so traurig bin, das sich Vati und Mutti mit Oma und Opa vergracht haben, habe ich nur einen Wunsch. Bitte schenke mir, das Oma und Opa wider gut mit uns sint.
Viele Grüße, deine Jana
Ach ja, Oma und Opa wohnen in der Bismackstraße 30 und heißen tun sie wie ich.

»Hohoho«, lacht Herr Großkopf. »So ein Quatsch! Und diese Schreibfehler. Verkracht mit g. Köstlich!« »Hoho«, lachen auch die Partygäste und finden das alles sehr lustig. Nur Herr Meise schweigt. Er hat nämlich auch eine kleine Tochter. »Geben Sie her!«, ruft er empört. »Das ist nicht zum Lachen.« Er nimmt den Brief und beschließt, gleich morgen in die Bismarckstraße 30 zu gehen.

Dann ist Heiligabend. Jana ist traurig. »Warum hat der Weihnachtsmann meinen Wunsch nicht erfüllt?«, grübelt sie immer wieder. Und warum haben Oma und Opa nicht geschrieben oder angerufen?

Sie hat Mühe, die Tränen zurückzuhalten, aber auch Mutti und Vati sehen traurig aus. Als alle gerade am traurigsten sind, klingelt es. Jana rast zur Tür. Juchhu! Es sind Oma und Opa.

»Frohe Weihnachten«, sagt Opa leise. Jana ist so aufgeregt, dass sie nicht weiß, was sie antworten soll. Doch dann fällt es ihr ein. »Danke, Weihnachtsmann!«, ruft sie so laut sie kann. »Danke! Und frohe Weihnachten!« »Ja«, rufen Mutti und Vati fröhlich. »Frohe Weihnachten!«
Elke Bräunling

5. Dezember

Paule und der Nikolaus

Mit Aufräumen und Ordnung hatte Paule nicht viel am Hut. Um so erstaunter war seine Mutter, als er am Abend vor dem Nikolaustag seine schmutzigen Gummistiefel aus dem Keller holte und blitzblank polierte.

»Was ist denn mit dir los?«, fragte sie. »Hast du Fieber?«

»Nö«, grinsten Paules Schwestern Mara und Julia. »Paule will beim Nikolaus Eindruck schinden. Hihi!«

»Blöde Ziegen!«, murmelte Paule. Er spuckte noch einmal auf die Stiefel und rieb sie glanztrocken.

»Es wäre eine gute Sache«, meinte Mutti, »wenn du auf deinem Schreibtisch auch gleich Ordnung machen und einmal wenigstens deine Schultasche für morgen packen würdest!«

»Und deinen Schrank könntest du auch gleich aufräumen«, kicherte Mara. »Da fällt einem ja alles entgegen, wenn man die Tür öffnet.«

»Dann lass sie doch zu!« brummte Paule.

»Und wie ist es mit unserer Spielzeugecke?«, beschwerte sich Julia. »Alles hast du heute mit deinen Freunden wieder durcheinander gebracht. Nie räumst du hinterher auf.«

»Ich hab ja dich dazu!«, lachte Paule und machte, dass er davonkam.

»Alter Schlamper!«, sagte Mutti und grinste.

Am nächsten Morgen rannte Paule gleich zu seinen Stiefeln. Aber was war das? Leer waren sie! Ratzeputzeleer! Merkwürdig. Paule schielte zu den Schuhen seiner Schwestern. Die waren über und über voll mit Nikolausgeschenken. Komisch ... Paule runzelte die Stirn. Der Nikolaus konnte ihn doch nicht vergessen haben? Vielleicht hatte er auch bloß seine Stiefel übersehen? Paule suchte in seinen anderen Schuhen, doch auch die waren leer. Nicht ein einziges Lebkuchenstück oder Päckchen konnte Paule finden. Gemein.

»Ein schöner Schlamper ist der Nikolaus«, maulte er vor sich hin. »Nun hat er doch tatsächlich vergessen, dass es mich

gibt. Oder vielleicht hat er auch nur meine Geschenke ver-
schlampt?«

Sehr traurig saß Paule heute am Frühstückstisch. Etwas von
seinen leeren Schuhen zu sagen, wagte er nicht. Heute nämlich hätte er es absolut nicht ertragen können, wenn ihn alle
auslachten. Bloß das nicht! Aber viel Appetit hatte Paule nicht.

»Du musst was essen, Paule«, sagte Mutti.

»Hab' keinen Hunger«, murmelte Paule und senkte seinen
Kopf tief über den Teller, damit keiner die Tränen in seinen
Augenwinkeln sah. Und weil er so tief in seinen Teller starrte,
sah er auch nicht, wie sich seine Eltern zuzwinkerten und grinsten.

»Du bist doch sonst immer so hungrig! Hast du Fieber?«,
fragte Vati.

Julia und Mara kicherten ohne jeden Funken von Mitleid,
dann schnappten sie ihre Schultaschen und zogen los.

»Für dich wird's auch Zeit, Paule«, mahnte Mutti. »Wo ist
denn deine Ta-
sche?«

Die Tasche? Hm!
Die lag noch in Pau-
les Zimmer irgend-
wo in einer Ecke.
Ungepackt. Wie im-
mer.

»Ich geh' sie ho-
len«, murmelte
Paule und schlurfte
schweren Schrittes
los.

Wo aber lag die
verflixte Tasche
nun wieder? Hatte
er sie nicht gestern
hinter den Schreib-
tisch geworfen?
Oder unters Bett?
Paule suchte und

suchte, doch seine Tasche fand er nicht. Was für ein verflixter Tag! Nun würde er auch noch zu spät in die Schule kommen. Wo aber sollte er die blöde Tasche denn noch suchen? Als ihm gar nichts anderes mehr einfiel, schaute er noch im Schrank nach. Vorsichtig öffnete er die Tür und – plumps – fielen ihm Pullis, Hosen, Anoraks, Sportschuhe, Bälle, Tischtennisschläger, ein Cowboyhut, Spielsachen, der Schulatlas und noch so mancherlei Zeugs das im Kleiderschrank eigentlich nicht so unbedingt etwas zu suchen hatte, entgegen. Ja, und ganz hinten im Schrank stand seine Schultasche und die war über und über gefüllt mit den allerschönsten Nikolauspäckchen, die man sich nur vorstellen konnte. Da strahlte der Paule!

»Es stimmt«, rief er fröhlich. »Der Nikolaus ist genau so ein Schlamper wie ich.« Dann machte er sich fröhlich und ein bisschen nachdenklich auf den Schulweg.
Elke Bräunling

6.Dezember

Das selbstgekaufte Weihnachtsgeschenk

Mama, Papa, Suse und Mark beschlossen, sich in diesem Jahr an Weihnachten selbst ein Geschenk zu kaufen, anstatt die anderen zu beschenken. So müsse niemand lange überlegen und man bekäme auf jeden Fall das, was einem gefalle und was man sich wünsche.

Mama kam gleich mit einem Dutzend Parfüms am nächsten Tag nach Hause. Papa lief die Geschäfte in der ganzen Stadt ab. Er wollte ein Buschmesser aus Afrika haben. Das hatte er sich als Junge immer gewünscht und nie bekommen. Suse bestellte beim Bäcker eine Marzipantorte. Sie sollte zwei Meter Durchmesser haben und einen Meter hoch sein. Der Bäckermeister hatte zwar noch nie eine Torte von diesem Ausmaß gebacken, wollte es aber versuchen. Mark wünschte sich eine Ente. Das war seit Monaten sein Wunsch.

Seine Eltern versuchten ihm auszureden, eine Ente zu kaufen. Sie meinten, dass er an einem Feldstecher oder an einem Schlauchboot viel mehr Spaß haben würde. Selbst weiße Mäuse oder einen Papagei fänden sie interessanter. Mark blieb bei seiner Ente. Alle in der Familie hätten schließlich beschlossen sich selbst einen Weihnachtswunsch zu erfüllen, meinte er.

Dem Heiligen Abend sahen Marks Eltern und Schwester bang entgegen. Sie hofften bis zuletzt, dass es im Zoogeschäft keine Enten zu kaufen gäbe.

Der Tannenbaum stand wie jedes Jahr an seinem Platz im Wohnzimmer, geschmückt mit Kerzen und Glaskugeln. Mama versprühte überall aus ihren Parfümfläschchen. Im Haus duftete es nach Rosen, Lavendel und exotischen Blüten.

Papa packte sein Buschmesser aus. Ein Freund aus Hamburg hatte ihm eines auf der Geschäftsreise in Kairo besorgt und es ihm per Eilpaket geschickt. Strahlend hielt er es in seinen Händen und betrachtete es mit Vergnügen.

7. Dezember

Der Bäckermeister lieferte die Marzipantorte, die so groß war, dass sie nicht durch die Haustür ging und in die Garage von Herrn Wenger gestellt werden musste. Suse holte gleich ein Messer aus der Küche, schnitt Stücke davon ab und stopfte sich in den Mund, was hineinging.

Mark saß still im Sessel. Die anderen dachten, er sei noch einsichtig geworden und von seinem Weihnachtswunsch abgekommen. Doch da stand er auf, ging hinaus und kehrte mit einer Ente auf dem Arm zurück. »Das ist Paula«, sagte er und setzte sie auf dem Fußboden vorsichtig ab. Er hatte noch nicht ausgesprochen, da protestierten Mama, Papa und Suse derart laut, dass es im gesamten Haus zu hören war. »Eine Ente gehört nicht in eine Wohnung!« – »Die braucht doch einen See oder einen Bach!« – »Dieses Watscheltier beschmutzt die Teppichböden!« – »Und der Geruch! Igitt!« Eltern und Schwester verließen empört das Wohnzimmer. Und das an Weihnachten!

Mark nahm die Ente mit in sein Zimmer. Am nächsten Tag gaben ihm die Eltern zu verstehen, Paula dürfe weder in die Badewanne gesetzt noch ins Wohnzimmer oder in die Küche gelassen werden. Er solle sie dahin zurückbringen, wo er sie gekauft habe.

Im Keller füllte der Junge eine Plastikwanne mit Wasser, die hatte er für Paula besorgt. Da hinein setzte er die Ente. Wie vergnügt sie ihren Kopf ins Wasser steckte und mit den Flügeln schlug! Stundenlang plätscherte sie in der Wanne. Und stundenlang schaute Mark ihr zu und freute sich mit ihr. Er fütterte sie mit Brotstückchen, die sie ihm zutraulich aus der Hand fraß.

In den folgenden Wochen hörte Mark die Eltern und Suse oftmals sagen, dass er ihnen das Weihnachtsfest verdorben habe. Mark gewann seine Ente aber immer lieber – und sie ihn. Saß er am Schreibtisch bei seinen Hausaufgaben, saß sie daneben und schaute zu. Solange Mark in der Schule war, wartete sie geduldig in seinem Zimmer auf ihn. Am liebsten war sie auf seinem Arm und fraß Kartoffelstückchen.

Die gekochten Kartoffelstückchen brachte Mama aus der Küche. »Für Paula«, bemerkte sie jedesmal. Ab und zu kam jetzt Suse in Marks Zimmer – und einmal äußerte sie, dass Paula eine auffallend hübsche Ente sei, die man gern haben könne. Papa machte nach einiger Zeit Fotos von Mark und Paula und schickte sie an die Großeltern.

Stand jetzt die Türe in Marks Zimmer offen, marschierte Paula unbekümmert hinaus, über den Flur, in das Badezimmer und die Küche. Sie spazierte sogar durch das Wohnzimmer – und die Eltern ließen sie gewähren.

Im Frühjahr brachte Mark seine Ente jeden Nachmittag an den See. Papa meinte, er könnte am Abend auf dem Nachhauseweg einen kleinen Umweg fahren, am See anhalten und ihn und Paula abholen. Ja, Papa stieg sogar aus, um Paula zu beobachten, wie sie auf dem See schwamm. Die Ente gewöhnte sich ebenfalls an Marks Vater. Kaum vernahm sie die Geräusche seines Wagens, spreizte sie ihre Flügel und flatterte über den See hin, ihm entgegen.

Oft kam Mama an den See, um Mark und Paula zu besuchen.

Suse sagte eines Tages, zu ihrem Geburtstag wünsche sie sich auch eine Ente, dann wäre Paula nicht mehr so alleine. Paul müsste die Ente heißen.

Und Paul ist gekommen. An Suses Geburtstag stand er morgens in einem Kistchen auf dem Tisch und schnatterte in einem fort.

Paul und Paula wurden jeden Tag von beiden Kindern zum See gebracht. Den ganzen Sommer lang.

Im Herbst waren die Eltern viel unterwegs. Sie suchten ein Haus mit Garten – »im Grünen«, wie sie es nannten.

Sie mussten lange suchen. Aber dann hatten sie eines ge-

J. DALENOORD

funden, so schön und so ideal, wie sie es nur zu träumen ge-
wagt hätten:

Ein altes Fachwerkhaus mit einem hübschen Erker, einer breiten Holztreppe, einem großen, winkeligen Dachboden und an
der Haustür einer echten Glocke mit einem Strang zum Ziehen
und Läuten. Es lag mitten in einem herrlichen Blumengarten.
Dahinter war eine Wiese mit einem Kastanienbaum und einem
leerstehenden Schuppen »für Kinder und Tiere«, wie die Eltern
sagten. Und am Ende der Wiese floß ein Bach.

»Ein Bach! Ein Bach für Paula und Paul!«, riefen Suse und
Mark hocherfreut.

Irene Wirth

7.Dezember

Ein Lied geht um

»*Leise rieselt der Schnee ...*«, dudelt es im Supermarkt, als Frau Fröhlich ihre Frühstücksbrötchen kauft, und weil Frau Fröhlich an diesem Morgen gut gelaunt ist, singt sie auf dem Heimweg »*Leise rieselt der Schnee ...*« vor sich hin.

Die Leute auf der Straße schauen sie griesgrämig und morgenmuffelig an. »So ein Blödsinn am frühen Morgen!«, brummt Herr Sauerbart und eilt weiter. Das Lied aber macht einen Hüpfer aus Frau Fröhlichs Kehle und landet auf der Zunge von Herrn Sauerbart. »*Leise rieselt der Schnee ...*«, singt es dort fröhlich weiter. Herr Sauerbart schüttelt verwundert den Kopf, aber er kann nicht anders als weitersingen.

»Sie träumen wohl?«, murrt Fräulein Dürr. »Wer singt heutzutage noch kitschige Weihnachtslieder?« Die anderen Leute auf der Rolltreppe, Frau Dorsch, Herr Werner, Oma Baumann, Nora und Daniel, nicken zustimmend. »Es schneit ja nicht mal«, stellt Nora fest. Herr Sauerbart ist beleidigt. Eilig geht er seines Weges. Fräulein Dürr, Frau Dorsch, Herr Werner, Oma Baumann, Nora und Daniel sehen ihm verwundert nach. Das Lied kichert leise vor sich hin und schickt jedem seinen kleinen morgendlichen Weihnachtsgruß hinterher. Wie? Ganz einfach:

»*Leise rieselt der Schnee ...*«, trällert Oma Baumann, als sie wenig später das Wartezimmer von Doktor Klug betritt. Die Leute im Wartezimmer lachen, doch als sie die Praxis wieder verlassen, können sie nicht anders als auch »*Leise rieselt der Schnee ...*« vor sich hinzusingen. Ähnlich ergeht es auch Frau Dorsch im Bus, Fräulein Dürr im Büro und Herrn Werner in der Fabrik, und jeder, der ihnen begegnet, stimmt – ob er will oder nicht – mit ein. Auch Daniel kommt singend in der Schule an. »Oh nein!«, spotten seine Klassenkameraden. »Daniel singt ein Weihnachtslied!« Sie lachen und johlen und fangen an »*Leise rieselt der Schnee ...*« zu singen. Auch Nora singt im Kindergarten das Lied. »Schön«, sagen die anderen Kinder. Und sie üben den ganzen Vormittag das Lied.

8.Dezember

Als Frau Fröhlich später durch die Stadt schlendert, hört sie überall das Lied, das ihr am Morgen von der Zunge gehüpft ist. Es ertönt aus allen Ecken, in Geschäften und Häusern, in den Straßen und im Bus, und bis zum Abend hat fast jeder in der Stadt das Lied ein paarmal gesungen. Ja, und jeder hat immer wieder – heimlich – am Himmel nach Schneewolken Ausschau gehalten. Wie schön wäre es, wenn er käme, der Schnee, jetzt in der Weihnachtszeit. Still und leise, so wie das Lied zu den Menschen gekommen ist ...
Elke Bräunling

Die ungeduldige Schneeflocke

Lange hatte die kleine Schneeflocke gewartet. Wann endlich durfte sie auf die Erde hinunterwirbeln? »Du musst noch warten«, sagte die Wolke. »Es ist zu warm für dich da unten in der Stadt.«

Die kleine Schneeflocke aber quengelte und quengelte. Sie hatte einfach keine Lust mehr zu warten, und – schwups – hüpfte sie von der Wolke. Ach, wie schön war es, durch die Luft der Erde entgegenzuschweben!

»Schön ist das Leben!«, sang sie. Fröhlich wirbelte sie durch die Luft, wiegte sich im Wind und freute sich. Elegant landete sie schließlich auf einem Autodach.

»Eine komische Erde ist das«, rief sie verwundert. Vor Aufregung begann sie zu schwitzen. Ihre Kristallsternenarme wurden schwer und schwerer, und sie fühlte sich auf einmal so nass ... sss ...! Schon war aus der übermütigen Schneeflocke ein Wassertropfen geworden und der tropfte – eins, zwei, drei – vom Autodach hinunter auf die regennasse Straße.

Die Schneeflocke ärgerte sich. »Ich komme wieder«, rief sie und es klang entschlossen. Ihr werdet es schon sehen!«
Elke Bräunling

8.Dezember

Oskar, der Siebenschläfer

»Nein, in diesem Jahr möchte ich nicht schlafen, schon gar nicht den ganzen Winter über, diesmal mach ich's anders!« beschloss Oskar, der samtene Bilch.

»Endlich einmal keine Gemütlichkeit, keine weichen Pantoffeln, ich will auch nicht den weichen Schal, den warmen Ofen in meiner Höhle und auch nicht die heißen Himbeeren. Nein, das Leben geht vorbei, sagen die andern – und was habe ich bisher schon erlebt? Nichts. Und darum gehe ich in diesem Winter viel aus.« Oskar legte sich den allerdicksten Pelz zu und huschte am Abend über frostige Waldwege zur nächsten Stadt.

Wohin er da wollte? In die Disco natürlich, denn – das hatte ihm ein Waldesel verraten: »Da ist immer was los«, hatte er geschrien, »ehrlich!«

Ja, und da war er nun, über ihm schlugen die Tonwellen zusammen, er bekam kaum etwas zu sehen, denn es blitzte in einem fort in den grellsten Farben wie bei einem Gewitter im Wald, und seine Ohren schwollen von der Lautstärke des Tongewitters um das Zehnfache an.

»Oh«, jammerte er, als er den vielen Füßen entkommen war, »ich mach das lieber nie mehr. Tun

mir meine Ohren weh!« Und so lag er einige Tage auf seiner samtigen grünen Couch mit einem dicken Tuch über den geschwollenen Ohren.

Doch kaum ging es Oskar wieder gut, murmelte er: »Ich gehe einen trinken, soll sehr schön sein. Das machen viele jeden Tag, ist alles dann schöner.« Und ab ging die Post, bis er im Gasthaus Gänsehut unter den Wirtshaustisch schlüpfte.

Na, da war es aber voll im Zimmer! Und laut ging es auch hier zu. Manche Männer hatten sogar den Bierkrug auf die Ofenbank gestellt, so eng war es im Raum. Dass daraus ein Siebenschläfer trank, merkte keiner von ihnen.

Oskar aber wusste selbst nicht, wie er wieder nach Hause gelangt war – keine Ahnung hatte er! Aber dafür hatte er einen Riesen-Siebenschläferrausch, wie ihn noch keiner seiner Verwandten je erlebt hatte. Also blieb er wieder einige Tage auf seiner Schmusecouch, dann war auch das Kopfweh verschwunden.

»Hm, ich denke, ich werde einfach mal ein bisschen rauchen. Soll auch eine wundervolle Beschäftigung sein. Werd's mal versuchen«, sprach er zu sich. Im Gasthaus Gänsehut angekommen, schnaufte er lange und tief den Qualm von Zigarren und Zigaretten ein – so lange, bis er fast blau im Gesicht war. Tagelang musste der kleine Bilch danach husten, kein Futter schmeckte ihm, und darum beschloss er, nachdem er sich wieder erholt hatte, das Rauchen in Zukunft bleibenzulassen.

»Ich werde ins Kino gehen – ich

9. Dezember

habe ja so viel Zeit, der Winter hat erst begonnen«, lachte er und – husch, husch – lief er nach Bauzendorf ins große Dorfkino.

»Nein, den Film habe ich nicht verstanden, da wurden Tiere verspeist – oh, wie ich mich fürchte!«, jammerte er danach. Und mit klappernden Zähnen raste er nach Hause in seine gemütliche Schlafhöhle.

Doch schon nach drei Tagen wurde er wieder unruhig.

»Ich muss hinaus, ich werde in einem Auto mitfahren oder vielleicht auf einem Motorrad«, überlegte er und stell dir vor – er tat es wirklich! Hockte da unter der Motorradjacke von Hugo Vogel, dem wildesten Motorradfahrer von Bauzendorf, und die Karre lief, dass Oskar Hören und Sehen verging.

»Hehehe«, jammerte er, »stehenbleiben! Mir ist ja sooooo schlecht und wenn ich nicht gleich aussteigen kann, dann ...«

Halbtot ist er nach Haus geschlichen, sein buschiger Schweif schleifte hinter ihm her.

Oh Oskar, schlaf doch endlich wie die anderen Siebenschläfer!

Aber nein – keine vier Tage danach beschloss er, ein Bilch-Gemeinschaftshaus zu bauen, doch bei Frost ist Graben schwer, es war zu spät für eine neue Höhle und außerdem: Oskar, du hast doch schon eine! Leg dich doch endlich hin und ...

»Ha – ich werde meine Freunde besuchen!«, rief Oskar da und schwupps, schon war er bei Meike, der Haselmaus und bei Bimba, der Baummaus.

»Ne du, lass uns schnorcheln, wir sind ja soo müde«, brummelten sie und gähnten ihn an.

Und wahrscheinlich ist er von ihrem Atem mit Müdigkeit angesteckt worden – jedenfalls dauerte es keine fünf Minuten, da war Oskar, der wilde Bilch, endlich eingeschlafen. Er kuschelte sich ganz eng an Bimba und Meike, und endlich konnte er tief und sanft träumen ...

Im Frühjahr darauf hat er so lange geschlafen wie noch nie – wahrscheinlich wegen seiner anstrengenden Winterabende ...

Vivi Heider

9.Dezember

Prinzessin Sommerblüte
(1. Teil)

Sommerblüte war Prinzessin im Land der rosafarbenen Malven. Sie war so schön, dass niemand sie beschreiben konnte.

Solange die kleine Prinzessin heranwuchs, bemerkte sie nicht, dass es auch in ihrem Land zu einer bestimmten Zeit kalt wurde, denn sie wurde behütet und beschützt vor allen Gefahren und auch vor der Kälte.

Wenn der Winter ins Land zog, floh die königliche Familie mit der Prinzessin in ein Sommerschloß. In diesem Schloss gab es einen Wintergarten, in dem klare Springbrunnen plätscherten, in dem sich rosafarbene Malven rankten und die Luft warm über die vielen zarten Vögelchen strich, die in den Büschen und Zweigen sangen.

»Hier ist es schön«, strahlte die kleine Prinzessin, »immerzu ist es hier warm und ich liebe die kleinen Glühwürmchen, die meinen Garten Tag und Nacht erhellen. Ich wünsche mir, dass es niemals mehr Winter wird, wenn ich einmal groß bin!«

Die Zeit verging, Sommerblüte merkte nichts von Kälte und Frost und lebte in den Tag hinein. Sie trank Tau und Honig, spielte mit Kolibris, den winzigsten Vögeln der Welt, und streichelte die pelzigen Bienen.

Eines Tages übergaben der König und die Königin das Land probehalber ihrer Tochter, denn sie waren alt geworden und zu müde zum Regieren.

Und so kam der erste einsame Winter für die Prinzessin, die die Wärme so liebte.

»Was soll ich tun?«, klagte sie. »Wie schütze ich mich vor Kälte, Schnee und Eis? Wie komme ich in meinen Sommerpalast zu meinem Wintergarten? Ich hätte wohl besser aufpassen sollen, als die Eltern mir über das Leben erzählten. Oh, habe ich kalte Füße!«

Und so rief sie nach ihren Vögeln, den Bienen und der Sonne.

»Wo sind meine Eltern?«, rief die Prinzessin klagend.

Doch die waren weit fort. Ihre Kinderfrau aber kam gelaufen und rief: »Prinzessin Sommerblüte – verzeiht uns, wir hatten

10. Dezember

wichtige Dinge zu erledigen, die uns der König aufgetragen hatte. Wollt Ihr auf Euer Sommerschloss? Ich bringe Euch hin!«

»Oh ja«, rief sie und bald trafen beide dort ein.

»Ach, wo ist mein Rittersporn? Wo sind meine Königskerzen? Ich hasse die Kälte, hier sind ja auch überall Schneeflocken, Eis und Froststerne! Warum hat niemand unsere Kachelöfen beheizt?« Und sie weinte zornig.

Die Kinderfrau aber brachte der Prinzessin lächelnd ein Paar warme Socken – und schon fror sie nicht mehr so! Dann musste sie ein großes Glas Glühwein trinken, und ihre treue Beschützerin meinte: »Seht, Prinzessin, schöne schwarze duftende Lebkuchen habe ich hier – freut Euch doch darüber! Wisst Ihr denn nicht, dass die Erde den Winterschlaf braucht, damit im nächsten Jahr wieder Rittersporn und Königskerzen im Park wachsen? Schaut doch, wie schön eine Winternacht sein kann – Millionen Sterne erhellen sie, heiß und groß sind sie. Könnt Ihr Euch denn nicht ein wenig darüber freuen?«

Doch Sommerblüte kuschelte sich eng in ihren warmen Pelz hinein. Da brachte sie die Kinderfrau ganz nahe an den warmen Kamin. Von dort ging die zarte Prinzessin den ganzen langen Winter über nicht mehr fort.

Die Zeit verging, die Prinzessin war fast erwachsen. Nun würde sie bald die Macht erhalten, wie ihre Eltern.

»Und wenn ich die Macht habe«, so überlegte sie, »dann will ich dafür sorgen, dass es niemals mehr kalt wird. Es müsste immerzu Sommer bleiben.«

Die Prinzessin hörte in ihrem Schloss, dass die Leute im Winter allerlei Vergnügliches im Freien betrieben. Manchmal blickte sie von einem Schlossfenster nach draußen, da sah sie Kinder, die auf den Seen auf glitzernden Kufen Eis liefen, denn alle Wasser waren zugefroren. Manche fuhren Schlitten, es gab Männer, die Eisstöcke herumschossen, und trotz roter Nasen lachten sie und sahen froh aus.

»Hach, wie sind sie dumm«, murmelte sie da, »sie wissen wohl nicht, dass die Hasen in den Pfoten frieren und die Nüsse aufs Eis fallen. Mir jedenfalls gefällt es nicht, ich friere.«

Doch trotz all ihres Widerwillens wurde es Weihnachten. Die Menschen seufzten über die viele Arbeit und sie schenkten sich auch Dinge, die sie oft wirklich gar nicht brauchten. Viele hatten vor lauter Arbeit keine Zeit, sich über den eisigkalten, prächtigen Winter zu freuen.

Ein paar Tage nach dem Fest wurde Sommerblüte zur Königin ernannt. »Die Seen tauen auf, es ist erst Januar! Es wird auch schon warm und die Zugvögel kehren zurück – die Prinzessin ist erwachsen, sie kann nun die Jahreszeit bestimmen. Wir müssen sie krönen«, meinte der besorgte Vormund.

»Ich bin glücklich!«, schrie Sommerblüte. »Jetzt werde ich nur noch den Sommer ins Land kommen lassen!«

Kein Sommer war jemals so schön wie dieser, als sie Königin wurde. Was blühte da nicht alles! Die Wiesen leuchteten wie Farbtöpfe so bunt, und die Welt erschien der Prinzessin so schön wie ein Märchen.

10.Dezember

Prinzessin Sommerblüte
(2. Teil)

Die Zeit des Herbstes nahte, es wurde Oktober.

Doch wo Sommerblüte ging und stand, berührte sie die Pflanzen und so sprossen im November zarte Malven in den Gärten, die Haselsträucher begannen zu stauben, die Forsythien öffneten ihre gelben Blüten, der Jasmin begann zu blühen und die Teiche, die gerade begonnen hatten, eine Eishaut zu bilden, liessen sie beim Anblick ihres Lächelns wieder schmelzen.

In diesem Jahr kam kein Winter, und die Menschen feierten das Weihnachtsfest im Grünen.

Was war das für eine seltsame Zeit!

»He«, riefen junge und alte Leute, »was ist denn in diesem Jahr los? Wir können nicht Eisstockschießen, nicht Schlittenfahren und auch nicht mit glitzernden Kufen über gefrorene Seen flitzen!« Und die Kinder jammerten: »Ohne Schnee macht es keinen Spaß«, und saßen lustlos herum und tranken Limonade statt Glühwein.

Prinzessin Sommerblüte aber freute sich.

Blüten über Blüten rankten sich in den Gärten, Lilien öffneten ihre Kelche, und ein Meer aus rosafarbenen Malven rankte über die Zäune – die Blumen, die sie so sehr liebte.

Und so blieb es nun für viele Jahre.

Die Menschen hörten mit einem Mal auf zu hetzen, sie sahen bald nur noch voll Sorge auf die grünen Felder, saßen im Januar im Garten, als wenn es Juli wäre, und ärgerten sich über die Sonne, die heiß herabbrannte.

Das Traurigste aber war wohl, dass der Herbst vollkommen verschwunden war. Die Feldfrüchte verdorrten, denn es regnete wenig und die Blätter vergaßen, sich zu färben.

Und Sommerblüte trieb es immer bunter.

Sie hatte ihren Spaß mit den Tieren, die sie aus übermüdeten Augen anblickten, denn seit fünf Jahren hatten viele keinen Winterschlaf mehr gemacht.

Doch mit einem Male endlich wurde es wieder kalt und das kam so: Der Sohn des Froststerns, eines Freundes von Prinzes-

11.Dezember

sin Sommerblütes Eltern, dieser junge Prinz besuchte sie eines Tages.

»Liebe Prinzessin«, schmeichelte er, »du wirst wohl aufhören müssen mit deinen Spielen. Der Winter gehört mir, der Sommer jedoch dir. Ich lade dich ein auf mein Winterschloss, denn ich mag dich sehr. Wenn du willst, bleiben wir zusammen.«

Sie aber lachte: »Nein, lieber Prinz, ich freue mich an meiner Macht. Nie war es in meinem Land so schön. Sieh dich doch um!«

»Du siehst nur, was du gerne sehen willst – die Menschen, Tiere und Pflanzen leiden, du störst die Jahreszeiten«, meinte er.

Und weil sie beide Hitzköpfe waren, diskutierten sie lange. So lange, daß Sommerblüte gar nicht merkte, wie sich ihr Sommerschloss in ein Eisschloss verwandelte, wo an jeder Fensterscheibe Eisblumen blühten. Denn der Prinz trug Eis und Frost in seinem Pelz.

Sie wurde müde und müder, und Prinz Froststern umarmte sie immer häufiger.

»Lass uns zusammen etwas trinken«, schlug er vor und schon stand ein Glas heißer Glühwein vor der Prinzessin.

Oh, wie wurde ihr da warm ums Herz, nachdem sie ihn mit Prinz Froststern getrunken hatte!

Und dann, ja dann küsste sie der Prinz und durch den Kuss verwandelte sich Sommerblüte in eine anmutige Eisblume ...

Schon am nächsten Tag wurde es kalt auf der Erde, so kalt wie es nur vor vielen Jahren einmal gewesen war, und am Tage darauf fiel vom grauen Himmel Schnee in Hülle und Fülle und die Menschen lachten wie lange nicht mehr.

Die Kinder tollten in verschneiten Gärten und bauten dicke Schneemänner. –

Seither gibt es wieder kalte Weihnachten und ich denke, dass wohl Prinzessin Sommerblüte sehr glücklich geworden ist, auch als Winterblüte.

An kalten Wintertagen funkelt sie oft am Fenster des Schlosses in allen Regenbogenfarben und ist dann genauso schön wie zu der Zeit, wenn sie eine Sommerblüte ist ...

Vivi Heider

11.Dezember

Der Lebkuchen Von Upsawil

Ein Bäcker hatte gerade den achtundfünfzigsten Lebkuchen ausgestochen und auf ein großes, rundes Backblech gelegt. Die Teigreste knetete er zu einem Klumpen zusammen und legte ihn auf den noch leeren Platz in die Mitte.

Der Teigklumpen war der Meinung, er sehe ziemlich jämmerlich und missraten aus. Die runden, glatten Lebkuchen würden ihn bestimmt alle auslachen, befürchtete er. Oder, und das fände er am schlimmsten, er könnte in den Kübel zum Schweinefutter geworfen werden.

Der Bäcker schob das Blech in den vorgeheizten Backofen. Unter der Hitze begann der Teigklumpen zu stöhnen. Er schnappte nach Luft, Luft, Luft – in einem fort nach Luft. Dabei wurde er höher und breiter. Er sog immer mehr Luft ein, wurde noch höher und breiter und floss auseinander. Er floss über die anderen Lebkuchen hinweg, so weit und so lang, bis alle achtundfünfzig von seiner Teigmasse eingehüllt und überzogen waren. Auf dem Blech lag jetzt ein einziger Lebkuchen, groß und rund wie das Rad eines Traktors.

Nach einiger Zeit öffnete der Bäcker den Backofen. Er erschrak, als er auf dem Blech nur einen einzigen riesengroßen Lebkuchen und nicht achtundfünfzig kleine sah. Er dachte, da ginge es nicht mit rechten Dingen zu. Verwirrt rannte er zur Backstube hinaus, ohne die Türen zu schließen.

Sofort rutschte der Lebkuchen von seinem Blech herunter und rollte durch die offenen Türen hinaus auf die Straße. Die Frauen, die ihn sahen, schrien auf und ließen vor Schreck ihre Einkaufstaschen fallen. Die Alten blieben stehen und schüttelten die Köpfe. Die Kinder wollten ihn anfassen. Doch der Lebkuchen rollte und rollte immer weiter, Tage und Nächte hindurch, bis er die Stadt Upsawil erreichte. Dort, mitten auf dem Weihnachtsmarkt, stoppte er.

Viele Besucher des Weihnachtsmarktes umringten ihn und meinten, dies sei bestimmt ein ganz besonderer Lebkuchen. Ei-

12. Dezember

nige Männer packten ihn und schleppten ihn auf das Rathaus zum Bürgermeister. Am nächsten Tag erschien ein Foto vom Lebkuchen mit einem Artikel in der Zeitung, der Besitzer des Lebkuchens solle sich bis zum nächsten Sonntag auf dem Rathaus melden.

Es meldete sich niemand. Am Sonntag hielt der Bürgermeister auf dem Weihnachtsmarkt eine Ansprache. Alle Upsawiler waren da. Nach seiner Rede ließ er ein scharfes Messer bringen und schnitt vom Lebkuchen viele, viele Stücke ab. Die Kinder durften essen, so viel sie wollten. Doch was für ein Wunder! Der Lebkuchen wuchs wieder nach. Da schnitt der Bürgermeister immer eifriger ab und verteilte an alle Frauen und Männer und Gäste von Upsawil. Der Lebkuchen wuchs unaufhörlich nach. Und wie er schmeckte! Hm! Hm! Niemand in ganz Upsawil hatte je so etwas Feines gegessen. Und der Duft! In allen Gassen und Straßen der Stadt roch es nach Lebkuchen.

Doch als alle Kinder und Erwachsenen satt waren, verschwand der Lebkuchen, ohne dass es jemand bemerkte. Er war weg. Und so sehr auch alle nach ihm suchten – vergebens. Er war weg.

Ein Jahr später, zur selben Zeit, als der Bürgermeister wieder auf dem Weihnachtsmarkt in Upsawil seine Rede beendet hatte, rollte der große, runde Lebkuchen heran. Jubelnd wurde er von allen empfangen. Die Blaskapelle schmetterte einen flotten Begrüßungsmarsch. Der Dirigent des Gesangvereins ließ sofort Noten herbeiholen und seine Mitglieder zusammentrommeln, um dem Lebkuchen ein Ständchen zu singen. Schon kam ein Mann mit einem Messer angerannt und der Bürgermeister konnte wieder unzählige Stücke davon abschneiden. Der Lebkuchen schmeckte und duftete genauso ausgezeichnet wie im Jahr zuvor. Doch als alle Kinder und Erwachsenen satt waren, verschwand er, ohne dass die Menschen es merkten. Er war weg.

Diesmal suchten die Upsawiler nicht nach ihm. Sie waren fest davon überzeugt, dass der Lebkuchen im nächsten Jahr bestimmt wiederkäme. Und er kam. Er kam noch viele, viele Jahre nach Upsawil zum Weihnachtsmarkt.

Irene Wirth

12. Dezember

Friede allen Menschen

»Friede, Friede allen Menschen, Friede allen auf der Welt ...!«
Laut tönte das Lied durchs Haus. Peter Meyer übte für das Adventsspiel in der Schule. Auf dem Klavier. Und es klang schauderhaft. Beim zweiten *»Friede«* nämlich, dem *»Friede allen Menschen«*, stimmten die Töne nicht. Falsch klangen sie und schrill. *»Frie-ie-iede ...!!!«* Oh! Das tat weh. Eiskalt rieselte es da einem den Rücken hinunter. Und Peter übte und übte. Die Mitbewohner begannen, diesen Frieden zu hassen.

»Friede, Friede allen Menschen ...«, tönte es von oben. »Ausgerechnet Friede«, murrte Herr Hüter. »Im Haus sind doch alle miteinander verkracht!« »Eine Zumutung!«, keifte Frau Nobel. »Das passt zu denen da oben!« »Meckerliese!«, grinste Bernd. »Sie haben doch an allem etwas auszusetzen!« Frau Nobels Stimme schwoll an. »Sie! Sie! Gehen sie erst einmal zu einem ordentlichen Friseur. Und überhaupt: Leute wie Sie, die ...« Frau Nobel zeterte so laut, dass weitere Hausbewohner neugierig in den Flur kamen. »Was ist denn hier los?«

»Dieser Mensch hat mich beleidigt!«, schrie Frau Nobel. »Beleidigt?«, fragte Frau Bock interessiert. »Er hat ›Meckerliese‹ zu ihr gesagt«, erklärte Herr Hüter. Einige Nachbarn konnten sich ein Grinsen nicht verkneifen. »Hat er nicht unrecht«, brummte einer verstohlen. Frau Nobel hob den Kopf. »Wer hat das gesagt? Anzeigen werde ich Sie!« »Nun machen Sie mal halblang!« »Giftspritze!« »Gibt es in diesem Haus denn nie Frieden?« Die Stimmen überschlugen sich. Und oben übte Peter sein *»Friede allen Menschen ...!«* Höhnisch hallte das Lied durchs Haus. »Und das alles wegen des falschen Friedens da oben«, grinste Bernd. Des falschen Friedens? Jawohl! Das war es doch! Wie auf Kommando wurde es still und alle lauschten dem Klavierspiel. »Jetzt«, heulte Frau Hering schon im voraus. »Jetzt gleich!«

»Frie...ie..ide...«, dröhnte es laut und falsch durch das Treppenhaus und alle zuckten zusammen. Es klang wirklich sehr falsch! »Man sollte sich beschweren!«, sagte einer. Und in selte-

ner Eintracht führten die Hausbewohner ein Telefonat mit Frau Kellermann, der Hausbesitzerin, die wenig später am »Tatort« eintraf. Ha! Nun würden die Meyers ihr blaues Wunder erleben. Frau Kellermann war nämlich gefürchtet wie ein böser Geist. Und wie ein böser Geist blickte sie jetzt auch in die Runde, während sie dem Klavierspiel lauschte.

»Friede, Friede allen Menschen, Friede allen auf der Welt ...«, spielte Peter. *»Frie-ie-de ...!«* Die Hausbewohner erschauerten. Frau Kellermann nickte. »Es stimmt«, sagte sie mit scharfer Stimme. »Dieser Friede ist falsch!« Ohne ein weiteres Wort läutete sie an der Wohnungstür der Familie Meyer. Die Mitbewohner rieben sich die Hände vor Vergnügen. Jetzt, ja, jetzt hatte der falsche Friede ein Ende!

»Der Friede ist falsch«, hörten sie da auch schon Frau Kellermanns Stimme knurren. Dann war es für eine Weile still. *»Friede, Friede allen Menschen ...«,* tönte es dann aber wieder durchs Haus. Fehlerfrei! Und wunderschön. Wie anders dieses Lied auf einmal klang! So friedvoll! Neugierig betraten die Hausbewohner die Wohnung der Meyers. Da saß Frau Kellermann am Klavier und spielte. Ihr sonst so hartes Gesicht war auf einmal ganz weich, ja, fast schön. *»Friede allen Menschen...«*
Elke Bräunling

13.Dezember

Der Plätzchentest – ein Fall für die kleinen Kommissare

Heute ist so ein Wochenendnachmittag, an dem die Erwachsenen vollauf mit Weihnachtsvorbereitungen beschäftigt sind und die Kinder nach draußen flüchten, um dem Trubel und der Hektik zu entgehen. Denn keiner möchte – so ganz nebenbei oder gar mit vollem Einsatz – in die Hausarbeit einbezogen werden.

Das ist ein idealer Tag für die kleinen Kommissare, überlegt Vera. Schnell zieht sie Vaters altes, graues Sakko an und stülpt sich die karierte Schirmmütze über. Dann steht sie auch schon auf der Straße.

Einmal kurz, einmal lang, einmal kurz drückt sie auf die Klingelknöpfe. Das ist das Erkennungszeichen für ihre Freunde. Es

bedeutet: Achtung, es gibt einen neuen Fall für die kleinen Kommissare.

Fünf Minuten später versammeln sich alle unter der fünften Laterne in der Talstraße, an der grünen Bank – ihrem Treffpunkt. Die Kommissare tragen viel zu große Jacken oder Mäntel und Hüte oder Kappen, daran sind sie sofort zu erkennen.

»Was gibt's?«, »Was ist los?«, »Welcher Plan ist angesagt?«, rufen die Stimmen wild durcheinander. Ungeduldig warten sie auf Antwort. Vera schaut jeden Einzelnen prüfend an und nickt dabei bedeutungsvoll. »Tja, also eigentlich ist nichts los«, erklärt sie. Die anderen sind enttäuscht. »Nichts los? Aber warum hast du uns dann gerufen?«, wollen sie wissen. Vera zieht ihre Stirn kraus und blinzelt. »So auf den ersten Blick ist nichts los, aber das ist es doch gerade. Da stimmt doch was nicht. Es ist zu ruhig auf der Straße. Ich glaube, wir sollten uns hier einmal genauer umschauen.«

Fragend und achselzuckend sehen sich die Freunde an. Dann beginnen sie, ihre Umgebung genau zu überprüfen. Sie untersuchen die Bank, schleichen um den Abfalleimer und folgen dann

Michels Blick, der die Laterne von unten nach oben betrachtet. Stück für Stück wird der Anstrich kontrolliert.

Plötzlich dreht sich Vera um. Sie hält die Nase in die Luft und schnuppert. Dabei werden ihre Augen immer größer. »Riecht ihr, was ich rieche?«, ruft sie. Sie nimmt die Spur auf. Die Kommissare folgen ihr schnuppernd.

»Hm, wie das duftet!«, schwärmt Lisa. Abrupt bleiben sie vor einem offenen Fenster stehen. »Hier wohnt doch Frau Matu«, stellt Mareike fest. Michel rollt triumphierend die Augen, dann pfeift er zwischen den Zähnen hindurch, fast wie eine Melodie, und spricht mit Kennermiene: »Die backt die besten Plätzchen.«

Die Kommissare stecken ihre Köpfe durch das geöffnete Küchenfenster und beugen sich über die herrlich frischen Plätzchen. Wie aus einem Munde entfährt ihnen ein anerkennendes: »Hmm!«

14. Dezember

Erschreckt schaut Frau Matu auf. Doch dann lacht sie und sagt: »Ich muss mich ja gar nicht fürchten. Hier stehen ja eins, zwei, drei ... fünf kleine Kommissare vor meinem Fenster. Was macht ihr denn hier?«

Vera ergreift als Erste das Wort. Sie erklärt: »Och, wir schauen nach, ob alles in Ordnung ist ... wissen Sie, dieser Duft!« Sie stockt und atmet noch einmal den Plätzchenduft tief ein. »Als uns dieser Duft entgegenwehte, folgten wir der Spur und die führte uns hierhin.« Michel ergänzt: »Was Sie da backen, sieht aus wie Plätzchen, aber – sind das auch wirklich Plätzchen?« Frau Matu schaut etwas verständnislos in die Runde, aber dann sagt sie freundlich: »Aber natürlich sind das Plätzchen.«

»Ob das wohl stimmt?«, zischt Philipp.

»Ich sehe, ihr glaubt mir nicht«, lacht Frau Matu. »Na, dann überzeugt euch selbst.« Ja, das ist ein Auftrag für die kleinen Kommissare: »Macht den Plätzchentest, hier.« Damit hält sie den kleinen Kommissaren das Blech mit den duftenden Plätzchen entgegen.

Vera schaut ihre Freunde an. Alle sind einsatzbereit. Dann gibt sie das Startzeichen: »Auf die Plätzchen – fertig – los.« Mit diesem Ausruf wird das Blech gestürmt. In Windeseile ist es vollkommen leer geräumt.

»Tatsächlich, es waren wirklich Plätzchen!«, stellt Vera sachlich fest. Lisa schwärmt: »Aber die besten, die ich je gegessen habe.« Philipp blickt zu Frau Matu. »Ehm, danke für den Auftrag, aber jetzt müssen wir weiter. Sollten Sie wieder mal einen Plätzchentest machen wollen, dann rufen Sie uns nur.« »Wir kommen sofort. Das ist Ehrensache«, ruft Vera noch, »ganz klarer Fall für die kleinen Kommissare.«

Und dann laufen sie auch schon die Straße hinauf.

Christel Müllenbach

Das Geschenk des Königs Balthasar

Stolz kam Jan von der Schule nach Hause. »Mutti«, rief er schon an der Haustür. »Ich darf beim Krippenspiel den Balthasar spielen.« »Den König Balthasar?«, freute sich Mutti. »Ja. Das ist der mit dem Mohrengesicht«, sagte Jan glücklich. »Alle wollten ihn spielen, aber ich habe gewonnen.« »Gewonnen?«, Mutti sah Jan argwöhnisch an. »Ihr habt euch doch nicht geprügelt?« Jan schüttelte den Kopf. »Ein heiliger König prügelt sich doch nicht! Den Balthasar habe ich beim Wettraten gewonnen. Und da hab' ich auch fast nicht geschummelt.« »Fast nicht?«, grinste Mutti. »Du bist mir ein schöner heiliger König!«

Das wollte Jan auch sein. Eifrig studierte er seine Rolle ein. Er malte sich die Backen schwarz, hängte sich Vatis Mantel über die Schultern und setzte sich die silberne Obstschale als Krone auf den Kopf. Dann schritt er mit huldvoller Miene durch das Zimmer, verbeugte sich vor dem Spiegel und sagte:

»Ich bin König Balthasar. Vom fernen Morgenland bring' ich dir heute Myrrhe dar, die als Geschenk so allbekannt.«

Alles klappte gut. Nur bei »Myrrhe« kam Jan ins Stottern. »My-yr-r-rch-e«, buchstabierte er immer wieder, doch es klappte einfach nicht. »Myr-r-rch-e, My-ychre, My-Mist!« Vor Wut riss sich Jan die Obstschale vom Kopf. Myrrhe! Was für ein blödes Wort! Überhaupt? Was sollte das denn sein, dieses Myrrhe? »Also, ich«, brummelte er, »würde mich über dieses Zeugs bestimmt nicht freuen, was immer es auch ist.« »Du musst wohl noch ein bisschen üben«, meinte Vati. »Weißt *du* es denn?« – »Was denn?« -»Na, das mit dieser Mychre? Was ist das denn nun?« Vati zuckte mit den Achseln. »Na, irgendsoein Kraut«, brummte er schließlich. »Ein Kraut?« fragte Jan ungläubig. »Nur ein Kraut? Sonst nichts?« »Kein Kraut«, sagte Mutti. »Myrrhe ist ein Duftharz und riecht gut. Wie Parfum.« »Igitt!« Jan schüttelt sich. »Ein Parfum? Wegen einem Parfum ist dieser Balthasar

15.Dezember

so weit durch die Wüste gelaufen? So ein doofes Geschenk. Der arme Jesus! Also, ich würde ihm etwas anderes schenken.« Seine Eltern lachten. »Das ist doch eine ganz alte Geschichte und Myrrhe war damals sehr kostbar.« »Na ja.« Jan war nicht sehr überzeugt. »Dieses ›damals‹ ist aber auch schon lange her!« Dann machte er sich wieder ans Üben.

Jan übte und übte und dann war der große Tag da. Alle waren gekommen: Eltern, Geschwister, Großeltern, Onkels und Tanten. Der Saal war voll besetzt. Jan war ganz schön aufgeregt. »My-y-yrrche ... My-y-hre ... My-y-yy ...«, murmelte er immer wieder vor sich. »My-y-yrrche ... My-y-hre ... My-y-Mist! Ich schaffe das nie!« Am liebsten wäre er fortgelaufen. Weit weg, doch da schob ihn jemand auch schon auf die Bühne. »My-y-hre ...«, dachte Jan und schritt huldvoll hinter Kaspar und Melchior her. Sein Herz klopfte laut. Wie sollte er das mit »Myrrhe« nur schaffen? Jan zitterte und grübelte und dann hatte er eine Idee. Als König Melchior seine Rede beendet hatte, trat er vor die Krippe, verbeugte sich und sprach:

»Ich bin König Balthasar. Vom fernen Morgenland bring' ich dir Weihnachtsplätzchen dar, die ich für dich als Gabe fand.«

Er griff in seine Tasche und legte eine Hand voll Weihnachtsplätzchen auf den Bauch des Jesuskindes.

Elke Bräunling

15. Dezember

Beim Jesuskind

»Wir müssen auch nach Bethlehem gehen und das Jesuskind anbeten«, sagte das Mädchen zu seinem kleinen Bruder. »Ich habe gehört, dass die Hirten das in der Heiligen Nacht getan haben.« »Wo ist Bethlehem?«, wollte der Junge wissen. »Das kann ich nicht sagen. Wir müssen es so machen wie die Hirten: Wir müssen einfach dem Stern nachgehen, dann kommen wir hin.« »Das Haus ist aber abgeschlossen. Und es ist Nacht«, wandte der Junge ein. »Wenn die Eltern eingeschlafen sind, steigen wir aus dem Fenster und schleichen uns weg. Ich hab mir das gut überlegt.«

So machten es die beiden. Bald blieb der Junge stehen, schaute zum Himmel hoch und fragte seine Schwester: »Mit welchem Stern müssen wir gehen? Da sind so viele ...« »Das weiß ich nicht. Hm ... gehen wir mal mit dem, der am hellsten ist.«

»Meinst du den, der über dem Schornstein steht? Der sieht ein kleines bisschen heller aus als die andern.« »Der wird es wohl sein«, nickte das Mädchen etwas kleinlaut, »wir werden schon hinkommen. Den Hirten hat er auch den Weg gezeigt.« »Ist das weit?« »Keine Ahnung.« »Dann bleib ich da.« »Feigling.« Ein Feigling wollte

16.Dezember

der Junge nicht sein. Vor seiner größeren Schwester am wenigsten.

Beide liefen der Straße entlang, immer dem Stern nach, wie sie meinten. »Das Jesuskind liegt in einem Stall bei Ochs und Esel. Maria und Josef sind bei ihm. So habe ich es im Kindergarten gehört und auf einem großen Bild gesehen«, wusste das Mädchen.

»Dort! Dort drüben ist ein Licht!«, rief der Junge und zeigte zu einem Einzelgehöft hin. Sie begannen zu laufen. Sie liefen quer über die Felder, stolperten über Steine und Ackerschollen. Ganz außer Atem erreichten sie den Hof. War das der Stall von Bethlehem? Lag hier das Jesuskind? Vor Aufregung klopfte den Kindern das Herz ganz heftig. Da trat der Bauer mit seinem Sohn aus dem Stall. Die Kinder hörten, wie beide über ein gesundes, kräftiges Kälbchen sprachen, das vorhin geboren war.

Das Mädchen und der Junge gingen weiter. Sie kamen in eine Stadt. Viele hohe Häuser standen rechts und links der Straße. Vom Himmel war immer nur ein schmaler Streifen zu sehen. Das Mädchen sagte: »Der Stern, der uns den Weg gezeigt hat, ist weg. Vielleicht sind wir da.« Die Kinder überlegten, dass es in der Stadt wahrscheinlich keine Ställe gebe und dass das Jesuskind auch in einem Hause liegen könne. Und da sie ein Kind wimmern hörten, waren sie sogar überzeugt, dass dieses Kind ihr gesuchtes Jesuskind sei. Beide gingen zu dem Haus und klingelten. Ein Mann öffnete das Fenster und schimpfte, sie sollten sofort verschwinden und andere Menschen in der Nacht nicht ärgern.

So irrten die Kinder durch die Straßen bis zum Stadtrand. Altes Gerümpel lag herum. In einem Häuschen war Licht. Dorthin liefen die Kinder. Ein Hund bellte. Die Tür ging auf und eine junge Frau mit einem kleinen Kind auf dem Arm erschien. Sie hatte die beiden Nachtwanderer gesehen und rief ihnen zu, ins Haus zu kommen. Scheu traten die Kinder ein. Die Frau legte das Kleine in einen alten Kinderwagen.

Das Mädchen war verwirrt. Waren sie nun bei dem richtigen Jesuskind oder nicht? Hier war ein Zimmer und kein Stall. Der Josef fehlte auch. Der Junge sagte: »Vielleicht liegt es doch da im Kinderwagen? Vielleicht ist überall, in jedem kleinen Kind,

16. Dezember

ein bisschen Bethlehem?« »Mag sein«, antwortete die Schwester, die immer noch zweifelte und dann hinzufügte: »Singen und beten können wir ja trotzdem.«

Die beiden stellten sich an den Kinderwagen, falteten die Hände und sangen alle Weihnachtslieder, die sie kannten. Dann sangen sie Lieder von Tieren und von der Sonne und vom Regen, vom Mond und den Sternen. Still und andächtig standen beide da. Als sie kein Lied mehr wussten, sagten sie Rätsel und Abzählreime auf. Ab und zu lächelte das kleine Kind im Kinderwagen.

Irene Wirth

Als der Nikolaus am siebzehnten Dezember kam

»Ist das eine Hitze!«, stöhnte der Nikolaus und zog seinen Pelz aus, den er probehalber angezogen hatte.

»Es ist doch schon November und noch so warm! Auf der Erde blühen noch Sonnenblumen«, meinte er verwundert und wischte sich den Schweiß von der Stirn. Die Sonne schien, als hätte sie nichts Besseres vor. Die Leute saßen in den Biergärten und Straßencafés wie im Sommer.

»Hach«, rief der Nikolaus, »wie ich unter meinem Bart schwitze! Nie und nimmer kann ich den dik-ken Pelzmantel anziehen und meine schweren Pelzstiefel!«

Und er ging zu den Wolken und bat um zwei, drei kleine Froststerne zur Abkühlung.

»In diesem Jahr gibt es noch keine Froststerne«, wurde er da belehrt, »es ist viel zu warm. Wir haben die Produktion bis Ende Dezember verschoben.«

Doch eine graue Wolke, die den schwitzenden Nikolaus sah, gab ihm mitleidig ein altes graues Wolkentuch, das ihn ein wenig kühlte.

Nun – es wurde der 30. November, und zum zweiten Mal probierte er sein Himmelsgewand.

»Nein«, seufzte er, »ich halte das nicht aus«, legte sich zwei Eiswolken unter den Mantel und puderte sich das rote Gesicht mit Sternenstaub.

»Das Schmelzwasser rinnt aus deinem Gewand, Nikolaus, so kannst du nicht gehen«, raunten die Engel.

»Dann lass ich in diesem Jahr meinen Besuch eben ausfallen«, brummte der heilige Mann und zog den Mantel wieder aus.

»Gut«, sprach der Himmelsvater, »dann gehst du eben in diesem Jahr zu den Eskimos. Du kannst auch nach Sibirien oder Grönland gehen, ganz wie du willst. Aber Kinder beschenken musst du. Geh nun!«

Da staunten diesmal die Eskimokinder! Ein Nikolaus kam zu ihnen und er brachte wundervolle Sachen mit! Von nun an würden sie jedes Jahr auf ihn warten.

Am 6. Dezember hatte der Nikolaus seine Pflicht bei den Grönlandkindern, bei den kleinen Sibirern und Alaskakindern getan. Gerade wollte er sein Gewand in den Wolkenschrank hängen,

als er kurz durch das Wolkenguckloch auf die Erde schaute. Zu den Kindern aus Europa. Und der Sternengucker Oswald Semmelblau sah zu ihm hinauf!

In diesem Moment hatte der Nikolaus eine Idee:

»Ich werde ihm durch meine Sternenkinder eine Botschaft senden.« Viele kleine Sterne verbanden sich zu einem Schriftzug, den nur ein Sternengucker entziffern kann. Da stand ganz deutlich am Himmel zu lesen:

»Liebe Kinder, es ist mir viel zu heiß bei euch da unten. Ich brauche es kälter, wenn ich euch besuchen soll. Deshalb kann ich dieses Jahr nur in die kühlen Gebiete auf der Erde mit meinem Schlitten fahren. Lasst doch den Schnee zu euch!«

Sofort rannte der Sternengucker zu den Zeitungen und berichtete auch alles den Politikern. Alle wussten, dass der viele Dreck in der Luft keine Schneeflocken auf die Erde kommen ließ. Es war zu warm dafür.

Und schließlich erfuhren es auch die Kinder.

»Er kommt nicht?«, weinten sie und sie klagten und schluchzten. Die Welt war voll trauriger Kinder! Sie übertönten mit ihrem Weinen sogar den täglichen Autolärm.

Da schrie der Sternengucker: »Na los, tut doch etwas dagegen! Kühlt die Erde ab! Säubert die Fabrikabluft! Und fahrt nicht so unnötig viel mit dem Auto herum! Sicherlich wird es dann kühler bei uns! Los, los an die Arbeit!«

Und so geschah es dann auch. Und weil alle zusammenhalfen, wurde es schon am Nachmittag des 12. Dezember merklich kühler. Es begann plötzlich zu regnen, in der Luft bildeten sich weiße Kristalle und mit einem Male begann es zu schneien …! Es fiel dichter, weißer, wattiger Schnee!

Da seufzte der Nikolaus in den Wolken: »Na endlich!«

Was machte es schon, dass heute bereits der 17. Dezember war? Jetzt wurde er auf einer kalten Erde erwartet und diesmal würde er nicht schwitzen. Diesmal würde er vor Freude sogar seinen Schlitten verschenken! Und das hat er dann auch gemacht.

Vivi Heider

Tom und der Engel

Tom war sauer. Ausgerechnet er sollte beim Weihnachtsspiel den Engel spielen! Weil sich die Schüler der 2a nicht einigen konnten, wer welche Rolle spielen sollte – es gab vier Kandidatinnen für die Maria, mindestens elf für die drei Könige, aber keinen einzigen Engel –, ließ die Klassenlehrerin Lose ziehen. Tom hatte die »Niete« gezogen – die Rolle des Engels mochte keiner leiden. Am allerwenigsten Tom. Was hatte er mit einem Engel gemeinsam? Mit Sternenkrone und Flügeln, mit goldenem Rauschehaar und einem albernen weißen Nachthemd? Lächerlich!

In der Klasse aber johlten alle los: »Super! Tom, der Klassenteufel, spielt den Engel. Zum Totlachen ist das! Hoho!«

Tom knirschte mit den Zähnen. Nein! Er konnte diesen Engel nicht spielen! »Das geht nicht«, rief er laut. »Es gibt keine Engel!« Da aber tobten sie in der Klasse noch mehr: »Feigling!«, schrien sie. »Tom ist ein Feigling!«

Tom kochte vor Wut. Den Feigling konnte er nicht auf sich sitzen lassen! »Dann spiel' ich eben diesen blöden Engel!«, schrie er zornig und rannte aus dem Klassenzimmer.

Wütend trottete Tom nach Hause. Einen albernen Engel spielen? Wie konnte er sich bloß davor drücken, ohne als Feigling dazustehen? Vor lauter Grübeln achtete er nicht auf die Leute und auf die Schaufenster, er sah nicht die rote Ampel und den Bus, der seinetwegen mit kreischenden Bremsen stoppte. Dass an der Ecke eine Baustelle war, fiel ihm auch nicht auf. Wie blind stolperte er über die Absperrung und lief weiter, vorwärts, immer geradeaus!

Doch was war das? Der Boden gab plötzlich unter seinen Füßen nach. Erschreckt riss Tom die Augen auf und sah das tiefe Bauloch vor seinen Füßen. »Hilfe!«, schrie er. Doch zu spät. Immer weiter rutschte er auf das Loch zu. »Hilfe!«

»Haste Tomaten auf den Augen?«, fuhr ihn da plötzlich eine fremde Stimme an und eine Faust packte ihn am Kragen. Tom fühlte, wie er im Rutschen gebremst und von kräftigen Armen emporgezogen wurde. Dann spürte er wieder festen Boden unter den Füßen.

»Mannomann«, schimpfte die Stimme, »bist du lebensmüde?« »Nei-ein!«, stotterte Tom mit zitternden Beinen. »Da hast du aber einen guten Schutzengel gehabt!«, sagte jemand am Straßenrand.

Einen Schutzengel? Tom sah seinen Retter zweifelnd an. Wie ein Engel sah der nicht aus mit seinen Lederklamotten. Aber er hatte kräftige Arme – und er war rechtzeitig zur Stelle gewesen. Ob er doch so etwas wie ein Engel war? Nachdenklich blickte Tom in das Bauloch, das mit schmutzigem Wasser gefüllt war. Da hatte er ja wirklich großes Glück gehabt! Er drehte sich um und wollte seinem Schutzengel danken, doch der war längst weitergegangen.

Für das Weihnachtsspiel hat sich Tom schließlich dann doch keine Ausrede ausgedacht. Ohne viel zu murren zog er das Nachthemd an. Auch gegen das Rauschehaar sagte er nichts und ein bisschen Mühe beim »Seht, ich verkündige euch große Freude!« gab er sich auch. Aber wehe, wenn einer der Zuschauer gelacht hätte, dann, ja, was dann passiert wäre, hätte auch der frömmste Engel bestimmt verstanden ...!

Elke Bräunling

Die Weihnachtsmaus

Es ist wieder ein Nachmittag vor Weihnachten. Die kleinen Kommissare haben sich an ihrem Treffpunkt versammelt. Nacheinander schleichen sie um die Bank und werfen dabei einen sehnsuchtsvollen Blick die Straße hinunter zu dem Haus, in dem Frau Matu wohnt. Letzte Woche hat sie doch gesagt, dass sie die kleinen Kommissare rufen wird, wenn wieder ein Plätzchentest fällig wäre. Komisch, ob sie es vergessen hat? Denn irgendwie, wenn man kräftig einatmet, kann man doch, wenn man seine Nase in die richtige Richtung hält, ja dann kann man den herrlichen Plätzchenduft riechen, oder?

»Vielleicht denkt sie, wir hätten keine Zeit, wir hätten zu viele andere Aufträge?«, vermutet Vera. Die kleinen Kommissare beobachten Frau Matus Haus.

»Wir sollten ihr einfach sagen, dass wir für heute Nachmittag noch keinen Job haben. Dann kann sie uns einen Auftrag anbieten. Was meint ihr?«, fragt Mareike. Noch ehe eine Antwort ausgesprochen ist, laufen die kleinen Kommissare schon die Straße hinunter. Das Fenster ist geschlossen. Die kleinen Kommissare drücken ihre Nasen an der Fensterscheibe platt, aber keine Plätzchen sind zu sehen. Frau Matu ist es fast ein bisschen unheimlich, so dunkel ist es auf einmal in der Küche geworden. Bevor sie zum Lichtschalter geht, schaut sie noch schnell zum Fenster. Sie will wissen, ob ein plötzlicher Schneeschauer die Dunkelheit hervorruft, und dabei entdeckt sie die kleinen Kommissare. Sie öffnet das Fenster. »Na, jetzt habt ihr mich wieder mal erschreckt!«, sagt sie ernst. »Was führt euch diesmal zu mir?«, will sie wissen.

Frau Matu ist eine richtig nette Person, sie kann niemals wirklich böse sein. Ihre Augen sind immer freundlich und strahlen, selbst wenn sie ernst ist.

»Wir wollten ihnen nur sagen, dass wir heute Nachmittag frei sind«, beginnt Michel.

»Wenn Sie also einen Auftrag für uns hätten ...«, bietet Vera an. »Etwa einen Plätzchentest oder so«, ergänzt Philipp, »wir sind bereit.«

Aber leider hat Frau Matu heute keine Plätzchen gebacken. Da entfällt auch der Plätzchentest. Schade, denkt Michel. Die kleinen Kommissare drehen sich enttäuscht um. »Aber ich denke bestimmt an euch, wenn ich wieder backe«, verspricht Frau Matu noch. Sie sieht den kleinen Kommissaren nach, die mit gesenkten Köpfen die Straße hinaufgehen. Langsam schließt sie das Fenster. Doch dann hat sie eine glänzende Idee. »Oh, wartet mal, mir fällt da etwas ein. Wenn ich es mir so recht überlege, habe ich doch einen Auftrag für euch!«, ruft sie. Die kleinen Kommissare laufen erwartungsvoll zum Fenster zurück. »Es handelt sich zwar nicht um einen Plätzchentest, aber wenn ihr die Aufgabe löst, erhaltet ihr als Lohn eine Tüte Plätzchen. Ist das o.k.?« fragt sie. Und wie das o.k. ist. Die kleinen Kommissare können es kaum aushalten vor Neugier. »Um welchen Auftrag handelt es sich?«, möchte Mareike wissen.

Frau Matu beginnt zu erzählen: »Seit ein paar Tagen verschwinden aus der Gebäckdose immer wieder Plätzchen. Ich

backe und backe, aber die Gebäckdose wird nicht voll. Es ist, als ob sie ein Loch hätte. Ich habe das Gefühl, dass sich hier in der Gegend eine Weihnachtsmaus aufhält. Wenn ich nur wüsste, wo sie sich versteckt. Wollt ihr euch um diesen Fall kümmern?«

Die kleinen Kommissare sind begeistert und beginnen sofort mit der Arbeit.

Zuerst einmal muss das Haus beobachtet werden. Alle Eingänge und Fenster werden bewacht und jeder registriert, der in das Haus geht oder es verlässt. Einer schreibt das Protokoll, denn schließlich muss jede auch noch so kleine Kleinigkeit schriftlich festgehalten werden, damit später der Fall vollständig rekonstruiert, das heißt Schritt für Schritt nachvollzogen werden kann. Während sie ihre Aufgaben wahrnehmen und ihre Posten beziehen, ertönt von drinnen Frau Matus Stimme: »Oh nein, die Weihnachtsmaus war schon wieder da.«

Im nächsten Augenblick stehen die kleinen Kommissare in der Küche und starren fassungslos in die fast leere Gebäckdose. Frau Matu war im Keller, als es passierte. Sie sind sich schnell einig, dass niemand das Haus betreten hat, die Maus also schon im Haus gewesen sein muss. Da entdeckt Vera eine Plätzchenspur auf dem Fußboden. »Krümel, aha!«, stellt sie sachlich fest. Dicht gedrängt folgen ihr die Freunde. Dann bleiben sie entsetzt vor Herrn Matu stehen. Der liest in seiner Zeitung und isst dabei eifrig die Plätzchen, ohne die kleinen Kommissare zu bemerken. Vera schüttelt den Kopf. Alle anderen kleinen Kommissare schütteln ebenfalls ihren Kopf. Dann wenden sie sich Frau Matu zu. Mareike klärt auf: »Klare Sache, der Fall ist gelöst. Die Weihnachtsmaus ist …«« – nun wenden sich alle wieder um und zeigen mit ausgestrecktem Finger auf Herrn Matu – »… er.« Frau Matu schüttelt lächelnd ihren Kopf. Herr Matu sieht sich von zehn Kinderaugen angestarrt. Er ist völlig überrascht, verschluckt sich fast an einem Plätzchen und hat nun einen Hustenanfall. So bekommt er auch nicht mit, dass die kleinen Kommissare ihren verdienten Lohn erhalten und sich dankend verabschieden. Aber Frau Matu wird ihm das später alles ausführlich erzählen. Jetzt schaut sie den kleinen Kommissaren nach, die vergnügt zu der grünen Bank unter der fünften Laterne in der Talstraße eilen.

Christel Müllenbach

19.Dezember

Als der kleine Stern Verloren ging

Im Himmel herrschte Aufregung.

Der allerkleinste Stern war verschwunden! Der, der noch nicht einmal richtig leuchten konnte! Und dabei noch so winzig war!

»Einfach ohne etwas zu sagen verschwinden, das geht nicht«, knurrte Knecht Ruprecht, »wenn ich ihn erwische, setzt es aber was!«

Nikolaus aber brummte gütig: »Aber, aber, er ist eben neugierig, das sind alle kleinen Sterne. Ich wette, er ist zur Erde hinabgeglitten. Er wird dort die Vorbereitungen für das schöne Fest beobachten, das war wohl schon lange sein Wunsch. Wahrscheinlich haben ihn die herrlichen Duftschwaden von Zimt- und Lebkuchenhonigplätzchen auf die Erde gelockt – hm, gerade eben riecht es wieder so gut! Und schließlich ist es gar nicht mehr lange hin bis zum Fest.«

Er setzte sich ächzend in ein Wolkenkissen.

Doch die Engelchen suchten unermüdlich weiter. Hinter jeder Wolkenbank, in den Abendwolkenkissen und sogar bei Frau Holle in ihren Betten.

20.Dezember

Doch niemand hatte ihn gesehen, den kleinen Stern, der die winzigen Strahlen hat, genau über dem Großen Bären steht – normalerweise – und so sehnsüchtig zur Erde geblickt hatte.

Er war und blieb verschwunden ...

Da waren alle Sterne sehr betrübt und sie begannen so hell wie nie zu strahlen, um ihn zu entdecken ...

Wo aber war der kleine Stern?

Zuerst war er ganz selbstverständlich auf den Rücken eines Mondkälbchens geklettert und dann hatte er sich zur Abendzeit auf die Erde tragen lassen. Es war eine herrliche Flugreise gewesen und er ließ sich dann am Christkindlmarkt absetzen.

Roch endlich die Zuckerwatte von ganz nah, sog den Duft der gebrannten Mandeln ein, war fast überwältigt von Zimt- und Lebkuchengerüchen, hätte beinahe auch eine heiße Dampfnudel probiert und zu gerne seine Nase in den Glühwein gesteckt!

»Hm, wie das hier gut riecht«, seufzte er, »und diese vielen bunten Kugeln, die schönen Figuren, das glitzernde Lametta – wie gefällt es mir hier gut! Auch diese Männchen aus Zwetschgen und die verzierten Bratäpfel würde ich gerne probieren, hm, wie gut!«

Und so wanderte er durch den Markt, kein Mensch sah ihn, denn er war ja auch zu winzig,

Nach einiger Zeit sprach er zu sich selbst:

»Ich will doch noch andere Dinge sehen. Bäume zum Beispiel.« Die lagen

dicht neben dem Markt, wie eingezuckert mit Schnee und warteten auf Käufer. Es waren Weihnachtsbäume.

Nachdem er auch hier einige Zeit verweilt hatte, begann der kleine Stern zu frieren.

»Mein Licht ist so schwach, ich muss es sparen«, flüsterte er, »aber ich will noch nicht zurück. Erst möchte ich diese wundervoll duftende Stadt überfliegen.«

Und er schwebte zu seinem Mondkälbchen zurück und bat: »Lass uns den Düften nachfliegen. Es riecht nach Zimt und Plätzchen, gesehen habe ich sie schon, jetzt will ich auch noch lernen, wie diese guten Sachen gemacht werden. Das hat gewiss nicht einmal der Nikolaus gesehen, bevor er die Plätzchen in seinen Sack schüttet.«

Und der kleine Stern wies ihm die Richtung nach Süden.

Da flog das Mondkälbchen exakt nach Norden, denn es wusste ja nicht, wo Süden war.

Still war die Nacht, der Vollmond schenkte der Stadt sein Licht, und die Sterne leuchteten wie lange nicht mehr. Klar, sie suchten den Stern! Zehn Minuten zu spät waren ihre Strahlen am Markt angekommen, der kleine Stern war längst fortgeflogen. Gerade überflog er die Lebkuchenfabrik von Oliver Spekulatius, dem Lebkuchenfabrikdirektor.

»Hier ist es!«, schrie der kleine Stern, »hier riecht es so, wie ich es von oben immer gerochen habe. Das ist er Duft!!«

Und so ließ ihn sein Reittier sanft durch den Schornstein gleiten und was meinst du, wo der kleine Stern gelandet ist?

In einem Bottich voller Lebkuchenteig!

»Oh, jetzt werde ich probieren!«, seufzte er glücklich und er spazierte in dem zähen braunen Teig umher und saugte den Duft ein. Das war besser als essen – außerdem leben Sterne ja nur von Düften.

Dann machte er sich eine kleine Schlafmulde zurecht und begann zu schlafen ... denn er war wirklich sehr müde geworden von seinem Ausflug.

Er schlief und schlief, die ganze Nacht, und es begann schon Morgen zu werden. Die ersten Arbeiterinnen erschienen mit ihren weißen Mützen und weißen Schürzen und eine rieb sich die Augen!

20.Dezember

Jetzt, kleiner Stern, ist es aber Zeit aufzustehen, sonst wirst du ein *Sternenlebkuchen*! Du kommst in eine Form mit dem Teig und wirst gebacken! Schnell, steh auf!

Aber so ein Teig klebt, das weißt du auch, und wenn nicht Herr Spekulatius gekommen wäre und den kleinen Stern herausgefischt und vor die Fabriktüre zum Trocknen hingestellt hätte – wer weiß, wie die Geschichte ausgegangen wäre!!

In der Zwischenzeit aber war das Mondkälbchen vom Dach geklettert, hatte den kleinen Stern zwischen sein Maul geklemmt und war eilends abgeflogen in den Wolkenhimmel.

Noch mal Glück gehabt also, kleiner Stern!

War das eine Freude im Himmel!

Nikolaus, Ruprecht, Frau Holle und sogar Petrus standen um den verlorenen kleinen Stern herum und ließen ihn erzählen.

Und weil er sich so über seine Erlebnisse freute, begann er zum ersten Mal richtig hell zu strahlen!

Die Engel aber schabten gewissenhaft die feine Lebkuchenhülle von ihm ab und – - – das Mondkälbchen fraß sie auf!

Ja, so war das, und sicher glaubst du mir, wenn etwas so gut ist, ist es doch kein Wunder, dass sogar ein Stern deswegen eine Reise macht, oder?

Vivi Heider

20. Dezember

#

Wie sehr wünschten sich Pia und Pit einen Weihnachtsbaum mit Kerzen, Sternen, Engelsfiguren, Glöckchen und Lametta! Noch nie hatten sie so einen Baum gehabt. Ihre Mutter mochte Weihnachten nämlich nicht leiden, seit Vater fortgezogen war. Deswegen verbrachten Pia und Pit Weihnachten immer irgendwo im Süden, wo es so warm ist, dass man im Meer baden kann.

»Ich möchte wie meine Freunde Weihnachten feiern«, sagte Pit oft und Pia seufzte: »Wie in den Bilderbüchern.« Mutti aber wollte davon nichts hören und Jahr für Jahr stiegen sie zu Ferienbeginn ins Flugzeug, das sie weit weg von Weihnachten und dem Festefeiern brachte.

In diesem Jahr aber verstauchte sich ihre Mutter kurz vor der Abreise den Fuß. Wütend lag sie mit einem dicken Verband auf dem Sofa und schimpfte. Pia und Pit wussten nicht, was sie sagen sollten. Das mit dem kranken Fuß war eine schlimme Sache. Trotzdem konnten sie darüber nicht so recht traurig sein. Nun würden sie nämlich an Weihnachten zu Hause bleiben!

»Eigentlich ein Glück, das mit Muttis Pech!«, flüsterte Pia. »Jetzt können wir auch einmal richtig Weihnachten feiern!« Und beide freuten sich – heimlich natürlich – wie die Schneekönige. Sie nahmen sich vor, für ihre Mutter ein tolles Fest vorzubereiten mit Oma, Opa und einem Weihnachtsbaum. Bestimmt würde sie sich dann doch ein bisschen freuen!?

Noch am gleichen Tag kauften sie von ihrem Taschengeld eine Weihnachtstanne. Die war so teuer, dass sie nur noch Geld für ein Päckchen roter Kerzen, nicht aber für Lametta, Kugeln, Goldsterne und Silberglöckchen übrig hatten.

»Bloß Kerzen ist langweilig«, sagte Pia traurig. »Ich will einen besonders weihnachtlichen Weihnachtsbaum haben.« »Kein Problem«, meinte Pit. »Den Weihnachtsschmuck basteln wir selber. Du die Sterne und ich das Lametta.« Er wühlte im Schrank nach Alufolie und Plastik-Trinkhalmen.

»Da«, sagte er und reichte Pia die Trinkhalme. »Daraus klebst du Sterne. Ganz einfach!« Pia starrte ungläubig auf die pink-grün-gelb-lila-farbigen Plastikhalme. »Das gibt aber doofe Sterne. Und zu den roten Kerzen passen sie auch nicht.« »Besser doof als gar nichts«, meinte Pit und begann aus der Folie Lamettafäden zu schneiden. Das war gar nicht so einfach und Pits Lametta ähnelte dicken, krummen Silberwürsten. Pias Trinkhalmsterne gelangen auch nicht besser. Wie Sterne sahen sie nicht aus.

»So ein blöder Kram«, heulte Pia auf. Auch Pit war knurrig wegen seiner Lamettawürste. Und so schimpften sie beide und vergaßen dabei vor lauter Ärger, leise zu sein.

Auf einmal kam Mutti in die Küche gehumpelt. »Was treibt ihr denn da?«, fragte sie. »Äh, wir basteln«, stotterten Pia und Pit. »Basteln? Was denn?« »D-d-das ...« Pia wusste nicht, was sie sagen sollte. »Es ist eine Überraschung«, sagte Pit und versteckte schnell seine Lamettawürste.

»Plastikhalme und Alufolie?«, fragte Mutti entsetzt. »Das ist ja der reinste Sondermüll!« Sie beäugte die Basteleien mit einem scharfen Blick. Dann seufzte sie. Und wie sie seufzte! Tief und lange. »Also gut«, sagte sie nach einem besonders tiefen Seufzer. »Ihr sollt euren Weihnachtsbaum haben. Aber nicht mit diesem Zeug.« Sie nahm den Einkaufsblock und notierte: »Also, wir brauchen Strohhalme – aber echte! –, Tannenzapfen und Glaskugeln zum Bemalen. Daraus basteln wir unseren Baumschmuck. Einverstanden?«

»Einverstanden!«, schrien Pia und Pit wie aus einem Mund. Lachend umarmten sie ihre Mutter und tanzten einen Freudentanz. Und Mutti schien sich auch ein bißsschen zu freuen. Sie lachte nämlich auch. »Und wo bekommen wir einen Baum her?«, fragte sie und deutete auf ihren kranken Fuß. »So kann ich nicht losgehen und einen Baum kaufen.« Da mussten Pit und Pia wieder lachen. »Haben wir schon! Haben wir schon!«, jubelten sie, und Mutti grinste und sagte: »Ihr kleinen Verschwörer!«

Pia und Pit aber waren glücklich. Sie freuten sich. Nun würde es doch ein richtiges Weihnachtsfest werden. Wie in den Bilderbuchgeschichten. Nein, noch viel schöner ...

Elke Bräunling

21.Dezember

Der Traum

Jede Nacht leuchtete ein Stern am Himmel in das Zimmer eines kleinen Mädchens. Und wenn sein Schein auf ihrem Gesicht lag, konnte er sie aus der Ferne betrachten. »Sie ist meine Freundin«, sagte der Stern, »schade, dass ich sie nur in der Nacht sehen kann. Ich möchte so gerne zuschauen, wenn sie durch das Haus hüpft oder mit anderen Kindern spielt und um die Wette läuft.«

Lange überlegte er: »Was könnte ich ihr nur schenken? Etwas, das sie sehr froh macht ... vielleicht einen Ball – oder einen Teddy?« Aber der Stern besaß kein Geld, um etwas zu kaufen. »Ich werde ihr einen Traum schicken«, sagte er, »einen wunderschönen Traum. Träume gelangen durch Fensterscheiben und durch die dicksten Mauern. – Und dieser Traum soll sie glücklich machen.«

Zufrieden sah der Stern seine kleine Freundin tief einatmen, sah, wie sie im Schlaf lächelte – und zu träumen begann:

Sie befand sich auf einer Wiese, streckte ihre Arme hoch und da fielen lauter schmale Goldstreifen auf sie herab, die ihre Hände, ihre Schuhe und ihr Haar überzogen und in Gold verwandelten.

Das Mädchen juchzte vor Freude, hüpfte über die Wiese hinweg zu einer Stadt hin. Überall, wo ihre Füße den Boden berührten, wuchsen Blumen in den herrlichsten Farben. Nicht nur ihre Füße konnten Blumen hervorzaubern, ihre goldenen Hände verwandelten alles, was sie anfasste: Die verbeulte, leere Coladose wurde zur kleinen Quelle, die Zigarettenschachtel ein Tannenbäumchen, die Plastiktüte ein Hase. Sobald das Mädchen an die Müllhalde kam und diese mit ihren goldenen Händen berührte, lag ein großer Garten mit Gemüse vor ihr. »Juchhu!«, jubelte das kleine Mädchen, »Juchhu!« – und wachte auf.

»Wo bin ich?«, murmelte sie, richtete sich dabei im Bette auf und schaute sich verwundert um. Da entfernte der Stern sich ganz schnell. Er wollte nicht gesehen werden. Noch oft kam er in der Nacht an ihr Fenster und schickte ihr noch viele wundervolle Träume.

Irene Wirth

22. Dezember

Namea

Vor vielen, vielen Jahren wuchsen alle Blumen auf der Erde in einem einzigen großen Garten. Der alte Gärtner gab jeder Blume einen Namen. Diese Namen – und den Monat, an dem sie blühen durften – schrieb er in ein dickes Buch. Eine hatte er aber übersehen. Sie bekam keinen Namen. Alle nannten sie einfach »Namea«, das hieß »die Pflanze ohne Namen«.

Im Frühjahr begannen die Tulpen eilig ihre Blätter und Knospen auszutreiben. »Geh uns aus dem Wege!«, befahlen sie Namea, »wir sind eine große Familie. Wir brauchen Platz.« Sie fragten Namea, zu welcher Sippe sie gehöre. »Ich gehöre zu niemandem. Ich habe keinen Namen.« »Wer keinen Namen hat, zählt nicht, darf nicht blühen«, betonte die purpurrote Tulpe und wandte sich von ihr ab.

Nach einigen Wochen versuchte die Pflanze ohne Namen erneut ihre Blätter auszubreiten, da wurde sie von einer Rose zurechtgewiesen: »Ist es dir denn erlaubt, deine Blüten jetzt zu zeigen?« »Ich weiß nicht, wann ich an der Reihe bin, ich stehe nicht im Buch. Ich habe keinen Namen.« »Keinen Namen hast du? Das gibt es nicht. Jede anständige Blume hat einen – oder bist du vielleicht von einer üblen Sorte? Das ist verdächtig.« »Nein, bestimmt nicht«, entgegnete Namea schnell erschrocken und seufzte: »Wenn ich einen Namen hätte, dürfte ich wachsen und blühen wie alle andern.« Traurig zog sie ihre Blätter ein.

»Wir kommen jetzt dran!«, triumphierte eine Dahlie. »Die Menschen bewundern unsere Blüten. – Wie heißt du? Dich kenne ich nicht«, richtete sie ihre Frage an Namea. »Ich habe keinen Namen.« – »Das bildest du dir nur ein.« – »Nein, es ist so«, antwortete die Pflanze ohne Namen kleinlaut. »Wir entstammen einem alten Geschlecht, sind berühmt. Ich gehöre zur Familie Dahlia fortuna, rechts, meine Nachbarin, ist die Dahlia phantastica und links steht meine Cousine, die Dahlia heroica. Unsere Namen sagen etwas aus und weisen darauf hin, wer wir sind. Das macht Eindruck.« Stolz drehte sie sich nach allen Seiten.

Eine Blume nach der andern blühte. Und eine schöner als die andere. Alle zeigten ihre Blütenpracht, verströmten ihren Duft. Die Pflanze ohne Namen wartete immer noch. Doch die Tage wurden kürzer und kühler, und alle andern Blumen, die geblüht hatten, fühlten sich jetzt müde. Anders Namea. Ihre Blätter und Stengel begannen zu wachsen. Da spotteten die andern: »Du bist wohl größenwahnsinnig! Jetzt, wo unsere Ruhezeit kommt und wir unseren Winterschlaf vorbereiten, wirst du grün und kräftig. Du machst dich lächerlich.« »Ach«, dachte die Pflanze ohne Namen, »ich möchte doch nichts als nur ein einziges Mal blühen. Und wenn es nur für eine Stunde wäre.«

So dachte sie auch noch, als es zu schneien begann und eine dünne weiße Decke über der Erde lag. Die Kälte und der Schnee konnten sie nicht bremsen – im Gegenteil, sie reckte und streckte sich, stieß eine Knospe hervor und noch eine und immer mehr dazu. Namea konnte dieses Wunder selbst nicht fassen. Doch ihre Freude war grenzenlos. Die Knospen stießen durch die Schneedecke und öffneten ihre Blüten.

Der alte Gärtner, der vorbeiging, drehte sich um und blieb vor Namea stehen. »Was blüht denn hier?«, fragte er, »diese Blume kenne ich nicht. Die habe ich noch nie gesehen.« Er bückte sich, um sie genauer zu betrachten. »Das ist ja eine Rose«, staunte er, »eine weiße Rose mitten im Schnee ... und das heute, heute an Weihnachten. – Wie heißt du?« fragte er. »Ich habe keinen Namen«, flüsterte die Pflanze ohne Namen. »Ab jetzt wirst du einen haben«, sagte der alte Gärtner, »Christrose wirst du heissen. Nachher werde ich deinen Namen in mein dickes Buch eintragen und dazuschreiben, dass du jedes Jahr an Weihnachten blühen sollst.«

Irene Wirth

Eine schöne Bescherung

Wie oft Katja am Heiligabend »Wann ist Bescherung?« gefragt hatte, konnte keiner mehr zählen. Es war zu oft.

»Wann ist Bescherung?«, fragte Katja und rüttelte ihren Vater am Morgen wach. »Bescherung? Äh? Was?«, brabbelte ihr Vater verschlafen. »Später«, sagte er dann und drehte sich auf die andere Seite. Katja ging zu Mutti und zog ihr die Bettdecke weg. »Wann ist Bescherung?« Ihre Mutter sah auf den Wecker und murmelte: »Da musst du noch mindestens elf Stunden warten.« »Elf Stunden?« Katja war entsetzt. »Das halte ich nicht aus! Können wir nicht früher bescheren?« »Nein«, knurrte Katjas Vater. »Und wenn du uns nicht noch ein bisschen schlafen läßt, gibt es überhaupt keine Bescherung.«

Katja ging zu Opa. »Wann ist Bescherung?« »Heute abend, und da habe ich eine Überraschung für dich!« »Oh, was denn?« Opa lachte und sagte: »Nur Geduld!« Aber Katja hatte heute keine Geduld. Die Zeiger der Uhr schienen stillzustehen. Dieser

Tag würde nie zu Ende gehen! Als sie zum x-ten Mal »Wann ist endlich Bescherung?« gefragt hatte, schickte Mutti sie mit Opa zu einem Spaziergang fort. »Und kommt nicht so bald wieder!«, rief sie ihnen hinterher.

Zuerst war Katja beleidigt, doch dann machte ihr der Spaziergang Spaß. Still war es in den Straßen geworden. Die Geschäfte hatten geschlossen. Nur wenige Leute waren unterwegs. Hinter manchen Fenstern konnte Katja Weihnachtsbäume schimmern sehen. Und ringsherum duftete es. Irgendwie nach Weihnachten. Langsam schlenderten sie durch den Ort. Vor der Lichtertanne am Rathaus blieben sie stehen und Opa erzählte von dem Weihnachtsbaum, der damals, als er ein kleiner Junge war, hier gestanden hatte. Es war eine schöne Geschichte. Katja mochte Opas »Von-früher-Geschichten«. Dann gingen sie auf den Friedhof und zündeten Kerzen auf Omas Grab an. Katja sang für Oma ein Lied und Opa erzählte von früher, als Oma noch gelebt hatte. Danach waren sie ein bisschen traurig. »Jaja«, sagte Opa und wischte sich schnell eine Träne weg. Dann sah er auf die Uhr und fragte: »Und was machen wir nun?« »Ist bald Bescherung?«, fragte Katja. Opa schüttelte den Kopf. »Ein, zwei Weinschoppen dauert es noch.«

Opas Freunde freuten sich, als Katja und Opa im Winzerstübchen ankamen. »Endlich jemand, der sich auf Weihnachten freut!«, sagte der alte Kommerzienrat und drückte Katja an sich. »Gelt, du freust dich?« »Und wie!«, sagte Katja. »Du nicht?« »Doch, doch«, meinte der Kommerzienrat. »Jetzt freue ich mich auch ein bisschen.« »Ich auch«, sagte der alte Jakob, und Friedrich, der Wirt, schlug vor: »Und jetzt feiern wir. Einverstanden?« »Einverstanden«, riefen alle im Chor.

Es wurde sehr weihnachtlich. Friedrich zündete Kerzen an und holte seine Gitarre. Dann sangen sie alle Weihnachtslieder, die sie kannten. Das heißt, Katja sang, und die anderen brummten ein vielstimmiges »Lalala« dazu. Das klang lustig. Es gab sogar eine kleine Bescherung. Rosa, die Wirtin, zauberte Päckchen hinter der Theke hervor: Kekse, Schokolade, Salzbrezeln, Tabak und Zigarren. Für jeden war etwas dabei. Später hörten sie Weihnachtsmusik im Radio und spielten Mensch-ärgere-dich-nicht. Und Katja ärgerte sich auch gewaltig. Immer wieder warfen die alten Herren ihre Figuren aus dem Spiel. »Bäh«, ärgerte sich Katja und aus dem Radio klang »Süßer die Glocken nie klingen ...!« Weil das Spielen und Ärgern solchen Spaß machte, hörten sie nicht die Glocken läuten und sie sahen nicht, dass es draußen dunkel wurde.

Da stand Vati auf einmal vor ihnen. Er sah nicht fröhlich aus. »Hier steckt ihr also!«, schimpfte er. »Das ist ja eine schöne Bescherung!« »Nicht wahr?«, sagte Opa. »Wir feiern schon mal.« »Und beschert haben wir auch«, rief Katja. »Schön, nicht?« Vati seufzte. »Uns habt ihr wohl vergessen?«

»Au weia!« rief Katja. »Wir haben die Bescherung vergessen!«

»Au weia«, murmelte Opa und starrte auf sein Schoppenglas.

»Los«, sagte der alte Jakob. »Nun feiert mal schön!«

»Und ihr?« fragte Katja. »Müsst ihr nicht auch heimgehen?«

»Nun ... ich ... ich habe heute nichts mehr vor«, sagte Jakob schließlich leise. »Ich auch nicht«, brummte der Kommerzienrat. »Auf mich wartet niemand.«

»Niemand? Wie gemein!« Traurig sah Katja Vati an, und ihre Augen bettelten. »Hm!« Vati blickte zu Opa hin. Opas Augen bettelten auch.

Da gab sich Vati einen Ruck. »Na, dann kommt mit zu uns! An Weihnachten soll man nicht alleine sein.« »Au ja«, jubelte Katja, »das wird eine schöne Bescherung!« Und das wurde es dann auch. Feierlich und ganz schön fröhlich.

Elke Bräunling

Der Räuber und die Blume

Es war Heiliger Abend. Heute würden bestimmt keine Kaufleute, Bauern oder Reisenden vorbeikommen. Niemanden würde er heute berauben können, dachte der Räuber.

So schimpfte er den ganzen Tag vor sich hin, war böse, hasste die Menschen und sich selbst. Da wagte sich ein Reh an ihn heran und sagte: »Du hast niemanden, der mit dir Weihnachten feiert. Weil dich niemand lieb hat und du einsam bist, deshalb bist du so böse.«

Diese Worte trafen den Räuber tief in sein hartes, böses Räuberherz. Sie trafen ihn schärfer, als der spitzeste Pfeil es vermocht hätte. Nein, einen Menschen, der ihn lieb hatte – das hatte er nicht. Da kam die Wut in ihm hoch. Er begann zu schrei-

en und zu toben, dass die Regenwürmer unter der Erde vor Schreck erstarrten. Das Reh rannte weg, der Räuber hinter ihm her, doch er stolperte über eine Wurzel und fiel zu Boden.

Da lag er und weinte. Zuerst weinte er aus Wut – und dann weinte er, weil es in ihm so böse war. Er weinte seit vielen Jahren zum ersten Mal wieder. Die Tränen liefen über die Bartstoppeln das Gesicht hinunter und sickerten in den weichen Waldboden. Und genau an dem Ort, wo seine Tränen hinflossen, wuchs eine Blume. Auf einem kräftigen, geraden Stengel erblühte ein Kranz von roten Blütenblättern. »Weine«, sagte die rote Blume zu ihm, »weinen tut gut.« Der Räuber hob verwundert den Kopf und schaute sie an. »Grabe mich mit den Wurzeln aus und bringe mich in deine Hütte.« »In meine Hütte? In meiner Hütte ist kein Platz.« »Wenn du mich wirklich mitnehmen möchtest, dann wirst du auch einen Platz haben. »Aber dann brauche ich für dich einen Blumentopf. Blumentöpfe besitze ich nicht.« »Wenn du ein Gefäß für mich suchst, wirst du

eines finden.« »Und gießen und pflegen muss ich dich auch«, fiel der Räuber ihr ins Wort. »Gießen und Pflegen kostet Zeit.« »Zeit bringt man auf für die Dinge, die einem wichtig sind«, entgegnete ihm die Blume. Der Räuber musste ihr zustimmen, ja, er grub sie aus, pflanzte sie in einen alten Kochtopf und stellte sie neben sein Strohlager.

Am Abend bat ihn die Blume, er möge ihr etwas vorsingen, denn das höre sie gerne. Singen? Nein – das kam für ihn nicht in Frage.

»So werde ich dir erzählen«, sagte die rote Blume. Sie erzählte ihm von Wiesen und Gärten, von Schmetterlingen und Käfern, von Farben und Düften, von Sonne und Wolken, bis in die Nacht hinein. Aufmerksam hörte der Räuber ihr zu.

Am nächsten Morgen nahm er einen feuchten Lappen, wischte den Staub von den Kisten und fegte den Fußboden. Dann zog er ein sauberes Hemd an und setzte sich zu seiner Blume.

24. Dezember

Wieder erzählte sie ihm. Gebannt lauschte er ihren Worten. Er vergaß, daß es böse und finster in ihm war – und er vergaß, die Menschen zu überfallen. Er wollte nur noch bei seiner roten Blume sein, ihr zuhören und alles tun, damit sie sich bei ihm wohl fühlte.

So wärmte der Räuber das kalte Quellwasser auf dem Ofen leicht an, damit die Wurzeln beim Gießen nicht erschrecken mussten. Er schlug ein Loch in die Wand und baute ein Fenster ein, damit die Pflanze Licht und Sonne hatte.

Die Pflanze zeigte ihren Dank mit einer immer schöner und schöner werdenden Blüte.

Aber eines Tages, als der Räuber im Wald Holz sammelte und er eine vollbeladene Kutsche ankommen sah, überfiel ihn wieder seine alte Räuberlust, und er sprang auf die Kutsche, fesselte den Mann und nahm ihm alles Geld ab.

Danach, als er die Tür seiner Hütte öffnete, erschrak er . Alle roten Blütenblätter der Pflanze hingen leblos herab. Sofort gab der Räuber ihr frische Humuserde. Doch die Blütenblätter wurden zusehends matter und farbloser.

Den Räuber überfiel eine große Angst, seine Blume, die er über alles liebgewonnen hatte, könne sterben. Er bereute, dass er sie allein gelassen hatte, mehr noch, dass er den Mann überfallen und beraubt hatte. Ja, er hasste plötzlich dieses gestohlene Geld, er konnte es nicht mehr bei sich haben. Er nahm den Beutel mit dem Geld, ging in das nächste Dorf und legte es vor den Eingang des Rathauses, als es dunkel war.

Wie glücklich machte es ihn, dass am Morgen ein rotes Blütenblatt wieder aufrecht stand.

Schnell lief der Räuber zu seinen Schätzen und brachte alles in den folgenden Nächten zu den Menschen hin, was er einmal gestohlen und geraubt hatte. Und je mehr er zurückgab, desto froher wurde es in seinem Räuberherzen. Auf dem Heimweg pfiff er sogar eine Melodie.

Und was sah er in seiner Hütte? Gesund und kräftig stand seine Blume da. Ihre roten Blütenblätter leuchteten. Ein wunderbarer Duft strömte von ihr aus.

Der Räuber ging langsam auf die Blume zu. Über sein zerfurchtes Gesicht breitete sich ein sanftes Lächeln aus.

Irene Wirth

24. Dezember

Philipps Zaubereisenbahn

Philipp hatte zu Weihnachten eine bunte Eisenbahn bekommen.

»Ich wollte keine Eisenbahn«, hatte er gejammert, »auf meinem Wunschzettel stand doch ›Hubschrauber‹, hat denn das Christkind das überlesen?«, fragte er seine Mutter traurig.

»Aber Philipp«, hatte sie vorwurfsvoll gerufen, »du hast es wohl irgendwann selbst gesagt, das Christkind bringt doch keine verkehrten Sachen zu den Kindern – also jetzt spiel mal damit!«

Vater hatte geseufzt und nur Opa hatte gelächelt.

»Junge, du weißt ja gar nicht, was man damit alles erleben kann«, hatte er gelacht. Opa war früher Lokführer gewesen, als er noch zur Arbeit ging.

»Ich wollte aber einen Hubschrauber!«, hatte Philipp da geschrien. Vater hatte ihn dafür an den Ohren gezogen und Mutter hatte gerufen: »Du gehst jetzt sofort zu Bett, heute kriegst du gar nichts mehr!« – und schwupps – lag er auch schon im Bett. Mutter deckte ihn zu und meinte versöhnlich:

»Morgen reden wir darüber, ja?« Und dann war die Tür zu ...

Philipp sah auf sein Geschenk: Da stand sie, die rotlackierte Holzeisenbahn, fünfzehn Wagen glänzten, eine Menge Schienen lagen noch im Paket, das Bahnhofshaus, einige Schranken und Verkehrszeichen, zwei Lokführer und ein Schaffner.

»Wollte ich gar nicht, ist doch was für ganz Kleine«, murmelte er, »ein Hubschrauber, das wäre herrlich gewesen, die Eisenbahn schenke ich einfach Opa.«

Da ging die Tür leise auf und da war er auch schon.

»Schläfst du schon?«, fragte er.

»Opa, bitte erzähle mir ein Märchen«, bat Philipp und legte sich gemütlich in die Kissen.

»Also gut, ich erzähle dir von deiner schönen Zaubereisenbahn, denn es ist eine. Pst, damit uns keiner hört! Du musst wissen, sie war schon in der weiten Welt und hat viel erlebt. Sie fuhr durch Sibirien, wo der Schnee hohe Wände bildet und es nur drei Monate im Jahr warm wird, sie ratterte durch Tausende dunkler Tunnels, sie rauschte vorbei an riesigen blauen Seen und jagte an mächtigen Zeltstädten vorüber, denn viele Leute leben dort so. Kind, die verschneiten Gebirge hättest du sehen sollen! All das sah die rote Eisenbahn!« Und Opa strich vorsichtig über die Lok der Bahn.

Und stell dir vor, als Philipp neugierig seinen Kopf hob, ja, da war die Eisenbahn wirklich größer geworden! Da konnten schon bequem Zwerge darin sitzen und als Opa noch mehr die glänzenden Wagen streichelte, da dehnte und reckte sie sich unter seinen Händen und sie blähte sich und mit einem Mal war die feuerrote Eisenbahn so groß wie die Kindereisenbahn im Zoo, in der Philipp schon oft mitgefahren war!

»Alles einsteigen!«, rief Opa vergnügt und flugs war Philipp aus dem Bett gesprungen, hatte sich hineingesetzt, Opa hatte die Tür geöffnet und ab ging es! Die Treppe hinuntergeholpert, zur Straße hinaus und direkt durch die Stadt Frankfurt. Über Stock und Stein fuhr die Bahn und ganz ohne Gleise!

Und es war keineswegs mehr Winter – nein, die Sonne schien und an den Ackerrändern weit draußen vor der Stadt blühte der Mohn, und auch blaue Kornblumen konnte Philipp erkennen, die Felder flitzten nur so an ihm vorüber.

»Schön, Opa!«, rief er begeistert zu Opa hinüber, der schwitzend Kohlen in das dampfende Maul der Lok schaufelte.

Und so fuhren sie die ganze Nacht, später ratterten sie durch die honiggelbe Wüste, dann am Meer entlang und zwischendurch schlängelten sie sich durch Palmenoasen hindurch.

In Hawaii war dann Endstation. Da sind sie ausgestiegen und haben sich gesonnt am Strand. Ja wirklich!

Denn als Philipp und Opa zusammen morgens zu Hause wieder aufgewacht sind, da hatten sie ein paar Sommersprossen auf den rosa Backen – und wenn das nicht von der Sonne kommt, oder? Und dass sie fortgewesen waren, das sahen sie deutlich an der Eisenbahn, die jetzt voller Schmutz war, und in den Waggons lag eine Menge Mais in Bündeln, den hatten sie wohl in Mexiko geladen.

»Mensch, Opa, das ist ja eine Zaubereisenbahn, kann ich damit jetzt überall hinfahren, so wie mit einem Hubschrauber?«, fragte Philipp froh.

»Das ging wohl nur in der Weihnachtsnacht«, lächelte Opa, »und weil du gar nicht glauben konntest, was man mit ihr alles entdecken kann. Warte ein kleines Weilchen, sie hat noch viel Zauberkraft – jetzt kannst du dich das ganze nächste Jahr darauf freuen, ist das nichts?«

Ja, und nun spielt Philipp sehr gerne mit seiner Bahn und er hat sich schon die nächste Route ausgedacht für das kommende Weihnachtsfest. Da wird er mit Opa zu den Indianern fahren und anschliessend in den Urwald. Gespannt bin ich ja, was dabei herauskommt – du auch?
Vivi Heider

25.Dezember

Der Wettstreit

In der Stube der Familie Hasenberger stand der geschmückte Christbaum. Es war ein wunderschönes Fest gewesen und die Kinder hatten sich sehr gefreut über das Christkind.

Nun war die Christnacht angebrochen und die Tiere und Pflanzen hatten begonnen miteinander zu sprechen. Auch die leuchtenden prächtigen Christbaumkugeln begannen zu wispern:

»Heute haben wir Vollmond. Wenn Vollmond ist, haben wir die Gabe, Märchen zu erzählen. Wer die schönsten Märchen erzählt, darf zu den Milchsternen fliegen. Das hat uns der Mond versprochen. Wir wollen untereinander ausmachen, wer zuerst erzählen darf.«

Und die größten und schönsten Kugeln klingelten und schaukelten an den Zweigen. Sie stritten mit den zweitgrößten und weniger bunten und zuletzt schwangen alle glänzenden Kugeln im ganzen Baum.

»Passt doch auf«, rief die allerkleinste, »ihr zerdrückt mich ja!« Doch sie bat umsonst. Eine der großen dicken, blauen Kugeln stieß gegen sie und zerbrach sie. Langsam fielen die Glasscherben auf den Teppich. »Wir wollen dem Mond nichts von unserem Streit erzählen«, wisperten die anderen, die ihr betreten nachblickten. »Sonst darf keine von uns zu den Milchsternen fliegen.« Dann rückten sie sich zurecht, polierten sich an den Tannennadeln wieder blank und überlegten sich ihr Märchen. Schon schwebte der dicke Mond ans Fenster.

»Nun, ihr bunten Märchenkugeln!?«, rief er und beleuchtete den Christbaum mit seinem goldenen Licht.

»Wollen wir mit dem Märchen der kleinsten Kugel beginnen. Wo ist sie?«

Schon drängten sich die kleineren Kugeln zusammen.

»Fang du an«, befahl er einer mittelgroßen roten Kugel. Und sie begann eine wunderbare Geschichte zu erzählen. Von den Mondrubinen der Goldstörche sprach sie und der Mond nickte zufrieden.

26.Dezember

»War das die kleinste?« fragte er.

Die Kugeln nickten alle.

»Dann die nächste.«

Und so ging es nun weiter bis zum frühen Morgen.

Nur gut, dass der Mond sich die Anzahl Kugeln vom letzten Jahr gemerkt hatte.

»Es fehlt eine«, stellte er fest. »Wo ist sie?«

Da klingelten die Kugeln verlegen mit ihren feinen Glöckchen.

»Sie ist zerbrochen«, meinte da eine.

»Dann lasst sie trotzdem erzählen«, meinte der Mond und legte sich ins Fenster.

»Nein, die nicht«, widersprachen die Kugeln trotzig.

»Die aber auch«, meinte der Mond beharrlich.

Da fügten sich die Kugeln und lauschten dem Märchen der zerbrochenen Kleinen.

Und sie erzählte von Eichhorn Willi, das auf seiner Tanne Nusskerne aß. Es hatte immer Fernweh gehabt und bei jedem Kern, den es aß, wurde es nun kräftiger, bis eines Morgens aus seiner Schulter starke Flügel herausgewachsen waren. Mit diesen übte es dann das Fliegen und endlich, endlich konnte es sein Fernweh stillen und davonfliegen ...

»Ich erkläre die zerbrochene kleine Kugel zum Sieger, sie darf auf meinen Mondstrahlen tanzen, ich werde sie wieder zusammenfügen«, erklärte der Mond.

Dann griffen seine Strahlen nach den bunten Scherben und fügten sie zusammen.

Und als das geschehen war, setzte sie sich der Mond auf den stärksten Strahl und sauste mit ihr zu den Milchsternen hinauf. Und dort ist sie wohl geblieben, denn am Christbaum der Familie Hasenberger fehlt sie seither ...

Vivi Heider

26. Dezember

Schneelied

Sommer ist vorbei
Regenbogenlichter
wachsen wie zarte Pilze
im Oktoberlaub.

Maulwurfskuchendüfte
steigen in die Lüfte
kitzeln weiche Wolken
in den prallen Bauch.

Zartes Schneegeriesel
Tannenzapfenstille …
leise fällt zur Erde
ein Dezemberstern.

Vivi Heider

Vom heißen Eskimo

Es war einmal ein Eskimo,
dem war es ständig heiß,
und saß er mit dem Po im Schnee,
dann schmolz sogar das Eis!

Und zündet er den Ofen an,
so geht das fix und flott:
Sein heißer Atem bläst hinein –
schon siedet das Kompott!

Stets hat er heißes Wasser da:
Er taucht den Arm bloß rein –
fasst er ein Glas an, kocht das Bier,
der Schnaps und auch der Wein.

Die Eskimos, die standen Kopf –
bewunderten ihn sehr
und fanden, alles was er tat,
sei wirklich furchtbar schwer.

Denn angelt er, dann kocht das Meer!
Gebraten ist der Fisch:
»Potztausend!«, rief er oft voll Wut –
»ich möcht ihn kalt und frisch!«

Wer kühlt mich ab? Wo ist ein Freund?
Mein Iglu schmilzt dahin,
mein Fuß brennt Löcher in den Schnee,
weil ich so hitzig bin!« –

Das hörte wohl in Afrika
der Häuptling »Kaltes Bein«,
der rührte Eis bei Tag und Nacht,
denn er war kalt wie Stein.

27. Dezember

»Wir tauschen!«, rief er, »Sapperment!
Ich komm mit Kälte klar –
du liebst die Hitze, komm gleich her:
Ein Tausch ist wunderbar!«

Gesagt, getan, der Häuptling Bein
fuhr in das kalte Land,
und unser heißer Eskimo
stand bald im heißen Sand ...

Doch heißes Bier und Glühkompott,
das fand dort niemand toll –
»Mach uns das Eis von Häuptling Bein!«,
so riefen sie voll Groll.

Und Häuptling Bein gings auch nicht gut:
Wer friert, der braucht es warm!
Wo war der heiße Eskimo
mit seinem heißen Arm?

Da kam ein Sturm, der wirbelte
sie her und hin geschwind.
Ganz im Vertraun, ich sags nur euch,
dass sie jetzt bei mir sind!!

Im Keller hab ich sie versteckt,
das Eis ist ein Gedicht!!
Und erst der süße, heiße Wein ...
sagt bloß, ihr glaubt mir nicht??

Vivi Heider

27. Dezember

Meine Weihnachtstasse

Die Lieblingswintertasse, die kann zaubern!
Wenns draußen knackekalt und eklig ist,
dampft aus der heißen Milch ein dicker Löwe,
der fürchterlich gern Honigbonbons frisst!

        Zwei kleine Nasenaffen und ein Tiger,
        ein blaues Krokodil, ein gelbes Huhn –
        sie alle bringt er mit zur Winterparty
        und alle haben schrecklich viel zu tun:

Das gelbe Huhn hackt Holz für meinen Ofen,
der Tiger bindet einen Weihnachtsstrauß,
die Nasenaffen backen einen Kuchen,
das Krokodil streut Sternchen vor mein Haus,

        dann singt der Löwe mir ein Weihnachtsständchen
        vor meinem Kuschelstuhl – ich freu mich sehr!
        Doch plötzlich sind sie mit dem Dampf verschwunden,
        denn meine Weihnachtstasse – die ist leer!

Vivi Heider

27.Dezember

Der fliegende Schneemann

Alois, der dicke Schneemann, war traurig.

Seit einer Woche stand er im Garten und niemand hatte ihn seit seiner Entstehung mehr beachtet.

Nicht die Spatzen und Amseln und auch nicht die Kleiber.

»Wir haben zu tun«, zwitscherten sie kurz, wenn er die Rübennase nach ihnen reckte.

»Schularbeiten machen!«, rief die Mutter den Kindern zu, wenn sie nach dem Essen in den Garten wollten.

Dann wurde es Abend und die Rolläden gingen herab.

»Aus, mich haben alle vergessen«, brummte Alois, und eine Träne gefror zu einem Eiszapfen.

Doch der gelbe Mond wusste um seinen Kummer. Er strahlte auf den Schneemann herab, der von seinem Licht übergossen dastand.

»Wünsch dir was!«

»Was denn?«, fragte Alois zurück.

»Was du willst«, entgegnete der Mond und streichelte die dicke Figur im Garten.

»Ich möchte, ja ich möchte fortfliegen«, überlegte der Schneemann. »Ich will von hier fort, wo mich die kleinen und großen Leute nicht beachten. Ich bin doch nicht zu übersehen, oder?«

28. Dezember

»Nein, sicher nicht«, lächelte der Mond.

»Ich komme morgen wieder, sag es mir dann«, flüsterte er und verschwand in den Nachtwolken.

»Ich wünsche mir ein warmes Land, Schneemänner waren noch niemals dort – weshalb, weiß ich nicht. Ich glaube, ich will es wissen, warum sie dort nicht hinkommen. Sind Schneemänner vielleicht zu dumm dazu? Oder trauen sie sich nicht? Ich werde in ein warmes Land fliegen, morgen sage ich es dem Mond.«

Und mit diesem Gedanken schlief Alois im Garten ein. Am Morgen hingen fünfzehn neue Eiszapfen an seinem Hut und ein besonders großer hielt sich an seiner Rübennase fest.

»Unser Schneemann besteht aus lauter Eiszapfen!«, schrie Benny und bewarf ihn mit Schneebällen. Dann lief er in die Schule.

»Was hast du dir gewünscht?«, fragte der Mond am Abend den Schneemann Alois.

»Lass mich auf einem Teppich in ein warmes Land fliegen, ich sehne mich danach«, seufzte Alois und knackte in allen Ritzen.

Da nahm ihn der Mond ganz leicht um die Mitte, drehte ihn aus dem frostigen Schnee heraus und setzte ihn sich auf die Schulter. Ein feiner graublauer Wolkenteppich kam herangeschwebt, darauf setzte sich Alois und schon ging es dahin mit hundert Sachen! Er flog, und wie!

In Marokko, einem sehr heißen Land, setzte ihn der Mond in die Straße der Kinder in der Altstadt von Agadir.

28. Dezember

Als die Sonne aufging und den Schneemann in seinem grellen Weiß beleuchtete, schrien die Kinder der Straßen entzückt auf. »Eine Zauberfigur, wie wunderschön, wie kalt sie ist, wo kommt sie nur her? Seht mal, sie schmilzt zu Wasser!« Und sie bewunderten ihn und beklopften ihn, und ihre warmen Hände streichelten Schnee und Eiskristalle, die sie doch hier nie zum Spielen hatten.

Und Alois wurde es warm ums Herz, er wurde bewundert, und er freute sich so, dass er noch schneller schmolz, und nach einer Stunde Sonnenschein war sein Wasser in den staubigen Gassen versickert. »Oh, wie schade!«, riefen die Kinder.

»Wie schön«, flüsterten die Tropfen, »Alois war mutig und jetzt wird er dafür belohnt, seine Wassertropfen dürfen die Treppe des Mondpalastes beleuchten, denn sie glitzern wie Tränen. Es ist eine große Auszeichnung.«

Und das fand wohl auch Alois, denn jetzt ist er nicht mehr traurig und versieht sein Amt im Mondpalast mit Würde.

Guckt doch mal nach oben, wenn der Mond leuchtet!

Vivi Heider

Die Schneefamilie

Seit Wochen wollte Pit einen Schneemann bauen. Draußen im Garten sollte er stehen und so prächtig aussehen, dass die Leute respektvoll ihren Hut zogen und sich zum Gruße vor ihm verneigten. Ja, so ein Schneemann musste es sein. Fehlte nur noch der Schnee. Immer wieder starrte Pit in den trüben Winterhimmel. »Wann schneit es endlich?«, maulte er.

Eines Morgens war es dann soweit. Als Pit aus dem Fenster sah, lag im Garten tiefer Schnee. »Schnee!«, rief Pit. »Juchhu! Endlich Schnee!« Vor Freude weckte er seine Eltern. »Hört ihr? Draußen liegt Schnee! Ganz viel Schnee!«

28. Dezember

»Hm«, schniefte Mutti und zog sich die Decke über den Kopf.

»Oh je«, brummte Vati, »das wird eine Auto-Schlitterpartie geben! Da mag ich gar nicht aufstehen!«

Sie freuten sich nicht? Pit wunderte sich. Er zuckte mit den Achseln, zog sich warm an und stapfte in den Garten. Im Nu hatte er dicke Schneekugeln gerollt und am Gartentor aufeinandergesetzt. Jetzt noch eine Möhrennase, Steinaugen, Vatis Hut, Tannenzapfenknöpfe und als Stock einen Besen. Fertig war der Schneemann. Er sah prachtvoll aus. Groß und stattlich. Und allein. »Du sollst nicht alleine bleiben«, sagte Pit. »Ich bau' dir gleich noch eine Frau.« Und er baute eine Schneefrau und drei Schneekinder, dann noch einen Schneehund, eine Schneekatze, Schneehühner, Schneebären und einen Schnee-Elefanten.

Zufrieden betrachtete Pit sein Werk. Eine große Schneefamilie stand am Gartentor. Pit freute sich wie ein Schneekönig. »Toll, nicht?«, fragte er seinen Vater, der gerade mit seiner Aktentasche aus dem Haus kam. »Ja, toll!«, sagte Pits Vater und seine Stimme klang ärgerlich. »Und wie, bitte«, fragte er, »soll ich nun das Auto aus der Garage fahren?«

»Au weia!« An das Auto hatte Pit nicht gedacht, als er seine Schneefamilie am Gartentor aufbaute. Ob Vati sehr böse war? Vorsichtig linste er zu ihm hinüber. Da musste Vati lachen. »Eingeschneit!«, rief er fröhlich. »Jetzt bin ich eingeschneit. Da muss ich doch gleich in der Firma anrufen. Für einen Tag ›Schnee-Urlaub‹!« »Au ja«, rief Pit, »und dann gehen wir rodeln und bauen noch ganz viele Schneemänner. Juchhu!«

Elke Bräunling

28. Dezember

Schneewind
(1. Teil)

Als Schneewind, der kleine Elch, geboren wurde, war es bitterkalt. Ein Sturm brauste über das Land, und Schneewinds Mutter war von der Geburt sehr mitgenommen. Es stürmte über die Wälder wie nie zuvor und als zwei Tage vergangen waren und sich der Sturm gelegt hatte, war Schneewinds Mutter tot. Still lag der neugeborene Elch unter einer Schneewehe und wäre nicht Olaf, der Bauernsohn, mit seinen Skiern vorbeigekommen, hätte wohl niemand das kleine Tier entdeckt.

»Ich nehme dich mit nach Hause«, flüsterte er, als er das zitternde Tier hochnahm.

»Wir sind zwar arm und mein Vater wird es nicht erlauben, aber ich bringe dir zu essen. Du wirst mein Freund.«

Und Olaf glitt auf seinen Brettern nach Hause.

Zu Hause – das waren sieben Geschwister, eine gleichgültige Mutter und ein jähzorniger Vater.

»Das kommt nicht in Frage, dass du Wildtiere anschleppst zum Spielen. Braten ja, wir werden ihn essen!«, schrie der Vater.

»Eher laufe ich davon!«, schrie Olaf zurück.

Und keine Minute dauerte es, bis der Vater zur Rute griff und Olaf schlagen wollte.

»Du Nichtsnutz!«, brüllte der Vater, »verschwinde von meinem Hof! Du bist alt genug dich selbst durchzuschlagen. Ein Esser weniger. Den Braten aber lässt du uns da!«

Doch Schneewind lief auf seinen wackligen Beinen dem Jungen nach. Und dreimal die Augen geschlossen – fort waren sie beide ... Mühselig war von nun an das Leben der zwei Freunde. Nur gut, dass zu Hause eine Elchkuh stand, die ein Junges hatte. Also schlich sich Olaf jede Nacht heimlich nach Hause zurück um Schneewind Milch trinken zu lassen. Brandgefährlich war das, sollte ihn der Vater erwischen. Aber es ging gut und Schneewind wuchs durch die Milch der braven Elchkuh.

Dann endlich war es soweit: Der junge Elch fraß Flechten und Moose und konnte sich Wurzeln ausgraben. Da nahm Olaf Abschied von der freundlichen Elchkuh und eines Nachts war er für immer mit seinem Schneewind verschwunden.

Ein paar Jahre waren vergangen. Der arme Junge hatte sich als Tagelöhner auf einem fremden Hof verdingt. Er wohnte mit seinem Elch in einem alten Schuppen und nichts war ihm wichtiger, als dass es seinem Schneewind gut ging. Und der Elch wuchs prächtig heran.

Er bekam ein herrliches Geweih, und sein Fell war weiß wie Schnee. Weil Olafs Herr beide mochte, erlaubte er ihm auch, das Tier auf seinem Hof abzurichten. Bald flog Schneewind wie ein Pfeil über Hindernisse, konnte Kunststücke aller Art, denn er war gelehrig.

»Du, pass auf«, lachte der Gutsherr, »wenn den unser König sieht, dann will er ihn haben. So ein kluges und schönes Tier!«

Olaf war schon sechzehn Jahre alt, als er eines Tages mit Schneewind ausritt. Und da geschah es, dass er den König sah – vom Pferd gestürzt und fast von einer Schneewehe bedeckt. Er hatte einen Reitunfall gehabt und es war höchste Zeit, denn er war schon halb erfroren.

Wo waren nur seine Diener und Jagdgesellen? Die hatten sich wohl alle aus dem Staub gemacht, als das geschehen war. Sehr beliebt schien der König nicht zu sein. Olaf zerrte ihn keuchend auf Schneewind und eilte mit ihm auf des Gutsherrn Hof.

»Du mein heiliger Fürst, der König höchstselbst«, flüsterte der, und sein Gesinde begann ihn zu umsorgen und aufzuwärmen. Nach einer Stunde erwachte der König.

»Ein Elch hat mich gerettet, hat mir geträumt«, begann er sogleich und ließ seine Blicke im Zimmer herumschweifen. Denn der König war geizig und habgierig.

»Ein Elch, Euer Gnaden?«, fragte der Gutsherr. »Der Junge hat Euch heimgeschleift, er hat Riesenkräfte.«

Da maß der König mit blinzelnden Augen des schlanken Knaben Gestalt.

»Dann war es ein Riese«, meinte er, »dieser Junge da jedenfalls war es nicht. Wo ist das Zaubertier?«

Olaf rührte sich nicht von der Stelle.

»Ich muss es besitzen!«, rief der König matt und richtete sich aus seinen Kissen hoch. »Alle meine Getreuen haben mich verlassen, ich werde sie mit meinem Zorn bestrafen. Aber ich kehre nicht zurück ohne dieses Zauberroß oder was es auch immer war.«

Da fürchtete sich der Gutsherr sehr vor des Königs Zorn und er sprach zu Olaf vor der Tür:

»Zeig ihm deinen Schneewind. Dann gibt er schon Ruhe. Er ist ja kein Ross – Rösser liebt der König. Er tut ihm gewiss nichts.«

Da wurde Olaf traurig und er lief in den Schuppen und riegelte hinter sich die Tür zu.

Doch schon zwei Stunden später hatte sich der König erholt und kam persönlich um das Zaubertier anzusehen.

»Junge, du kannst auf mein Schloss kommen. Ich gebe dir meine Tochter zur Frau. Ich wünsche mir solch einen mutigen, kräftigen, listigen Bräutigam für sie, wie du es bist«, lockte er. In Wirklichkeit aber wollte er nur Schneewind besitzen, wie er alles besitzen wollte, nach dem es ihn verlangte.

»Geh«, zischte der Gutsherr zu Olaf, »du machst mir sonst Ärger. Sie kommen und zerstören sonst meinen Hof. Verschwinde!«

Da entriegelte Olaf voll Kummer die Türs und der König erblickte hinter ihm den herrlichsten, schönsten jungen Elch, den er je gejagt hatte.

»Abgemacht!«, rief der Monarch, »Meine Tochter gehört dir, und du gibst mir dafür den Elch!«

Und schon hatte er den Strick entwendet und zerrte Schneewind aus der Hütte. Dann lachte der König hell, riss seinen goldenen Beutel hervor und meinte: »Hier hast du zwei Dutzend Golddukaten, meine Tochter gebe ich dir natürlich nicht. Und nun verschwinde!«

Da rief Olaf in höchster Not: »Er wird sich nicht zähmen lassen! Er wird Euch abwerfen, wenn Ihr ihn reitet! Trennt uns nicht!«

Da dachte der König kurz nach. »Gut«, meinte er, »reite mit zu meinem Schloss. Du wirst ihn mir pflegen. Die Dukaten übrigens nehme ich wieder an mich. Du verdienst sie vielleicht nie.«

Und so geschah es, dass Olaf und der König mit Schneewind auf das prächtige Königsschloß ritten. Und von da ab musste Schneewind Turniere bestehen. Aber auch hierbei trat er vor allen Jungelchen und Jungpferden hervor durch seine Klugheit, Schönheit und durch seinen Mut. Olaf aber war dankbar, dass er in Schneewinds Nähe bleiben durfte.

29.Dezember

Schneewind
(2. Teil)

So verging wieder einige Zeit, und die Prinzessin hatte sich längst in Olaf verliebt.

»Ein wirklich kluger, hübscher Mann«, dachte sie oft und sie seufzte in ihren Träumen. Doch sie wusste, dass ihr Vater einer Heirat niemals zustimmen würde. Da wurde sie jeden Tag melancholischer.

»Ach«, seufzte sie, und »ach ja!« – aber das war auch alles. Und eines Tages wurde sie vor lauter Kummer krank.

Da ließ ihr Vater verkünden: »Wer im heutigen Turnier siegt, erhält meine Tochter zur Frau!« Denn so wollte der eitle Vater sie wieder froher machen.

Die Fanfaren erklangen, Trompeten ertönten, das Turnier begann. Schneewind trat an gegen einen gleichaltrigen Jungelch.

Der König persönlich ritt auf Schneewind, und Olaf krallte seine Finger vor Aufregung in seine Haare.

Oh, wie zuckten die Lanzen der beiden Könige!

Der junge Nachbarkönig parierte nicht schlecht, wollte doch auch er gerne die Königstochter zur Frau.

Aber Schneewind, der treue Elch, ahnte, was seinen kleinen Herrn bedrückte. Er gab sein Bestes, doch ein einziger unsicherer Schritt – und die Lanze traf seine Brust.

Da strauchelte Schneewind und stürzte und warf den König ab.

»Mein Freund, mein Freund!«, schrie Olaf und lief auf den Kampfplatz.

Doch es war zu spät. Schneewind war tot.

Da wurde das Herz des Jungen zu Stein vor Kummer und er legte seinen Freund auf einen Karren und zog unbehindert aus des Königs Schloss.

Als die Prinzessin davon erfuhr, weinte sie zwei Tage und Nächte und von da ab vergaß sie zu essen und zu trinken.

30. Dezember

Olaf aber begrub seinen Freund unter einer Tanne und zog ihm drei weiße Haare aus Fell, Wimpern und Schweif. Dann ging er in die Welt hinaus.

Wieder vergingen viele, viele Jahre.

Der Junge war ein Geigenspieler geworden. Nichts konnte seinen tiefen Kummer besser lindern als das Spiel auf der Geige. Die drei Elchhaare hatte er in einen Geigenbogen hineingewebt und nun gab es auf der Welt keinen zweiten Geigenspieler, der schöner spielen konnte als er.

Und alsbald waren die Menschen von seinem Spiel so entzückt, dass sie ihm Gold und Geld nachwarfen, nur damit er noch ein Stück auf seiner Wundergeige spielte.

Davon hörte schließlich auch der alte König. Der aber hatte sich nicht geändert, er war noch viel habgieriger geworden und hatte seine Tochter nicht verheiratet, denn keiner wollte für sie all den Reichtum geben, den der Vater dafür verlangte.

»Ach, wie geht es meinem hübschen Elchprinzen?«, seufzte sie in ihren Träumen oft. »Für immer ist er verschwunden.« Und sie weinte jeden Tag um ihn.

Eines Tages kam Olaf, der berühmte Geiger, vor das Schloss und begann zu spielen.

»Was sind das für Töne?«, brummte der habgierige König »Diese Geige muß ich haben! Holt ihn herauf!«

Da wurde der berühmte Geiger heraufgeholt. »Gib mir deine Geige, du kannst meine Tochter dafür haben!«, befahl der König.

»Erst mache ich sie gesund«, erwiderte lächelnd der junge Mann und begann zu spielen. Und wie er so spielte, da wurde die Königstochter von Minute zu Minute fröhlicher! Sie begann zu lächeln und sie drehte sich im Kreise.

Mit dem König aber ging eine seltsame Veränderung vor: Erst bekam er ein riesiges braunes Elchgeweih! Alsdann schrumpfte seine dicke Gestalt, und er begann auf allen Vieren zu gehen!

Und stell dir vor, seine Haut wurde ... weiches Fell! Und der Kopf zuletzt glich – ja, du kannst es dir denken – sein Kopf wurde der Kopf eines Elches! Und ich brauche nicht zu erzählen, dass ihn sein ganzer Hofstaat – nachdem man ihn fürchterlich

ausgelacht hatte – aus dem Schloss gejagt hat. Mitten hinein in den Schneesturm.

Und da verschwand der Elch und keiner hat ihn je wieder gesehen.

Der junge Geiger Olaf hat dann die Königstochter an die Hand genommen und sie sind zusammen davongewandert. Hoch hinauf in den Norden. Dorthin, wo die Rentierherden leben.

Dort haben sie geheiratet. Und an ihrem Hochzeitstag ist ein Elchkind auf die Welt gekommen. Das haben sie auf den Namen »Schneewind« getauft, die beiden.

Und so geht die Geschichte nun zu Ende.

Vielleicht leben sie noch und züchten Rentiere. So schöne, schneeweiße, wie Schneewind eines war ...

Vivi Heider

31.Dezember

Silvesterwünsche
oder: Warum es keine fliegenden Füchse gibt

Nur einmal im Jahr, nämlich in der Silvesternacht, kann man den Wintergeist sehen. Das jedenfalls behauptet Großvater.

»Aber das ist nur möglich, wenn man um Punkt null Uhr, genau um Mitternacht, vor dem ältesten Baum im Wald steht und ganz, ganz leise ist. Denn vor Menschen fürchtet sich der Wintergeist. Wenn man sich auch nur leicht bewegt oder leise gähnt oder gar hüstelt, ist er blitzschnell weg und bleibt wieder für das ganze Jahr unsichtbar. Aber wenn man das Glück hat ihn zu sehen und dabei unbemerkt bleibt, gehen alle Träume und Wünsche in Erfüllung.« Das erzählte Großvater am Silvesterabend. Er selbst hatte den Wintergeist schon einmal in seinem Leben entdeckt und das kam so:

Sein Vater hatte ihm eine Geschichte vom Wintergeist erzählt, und Großvater wollte ihn unbedingt einmal sehen. Also machte er sich am 31. Dezember auf den Weg. In seinem Rucksack verstaute er Käsebrote und Wurstbrote und eine Thermoskanne mit einem warmen Getränk. So stapfte er durch den tiefen Schnee.

Im Wald war es ruhig, nein mehr noch: Es war mucksmäuschenstill. Auf einer Lichtung, das war ein riesiges Schneefeld mitten im dichten Tannenwald, beobachtete er die Waldtiere, die nach Futter suchten. Die Sonne warf ein letztes leichtes Gelb über den Schnee, bevor sie ihre Strahlen endgültig einzog.

Hier und da blitzten einzelne Eiskristalle auf und lockten die neugierigen kleinen Spatzen heran. Eilig piepten sie sich irgendwelche Botschaften zu. Dann legte der Nordwind seine Grauschleier über die Landschaft. Einzelne Nebelschwaden blieben am Waldrand an dem dichten Gestrüpp hängen. Dabei brachten sie die Zweige zum Klirren, so eisig kalt war es. Der Rauhreif hatte ihnen sein gläsernes Gewand übergelegt. Dann hielt die Nacht ihren Einzug. Der Wald sah aus wie eine wunderschöne Traumlandschaft.

31.Dezember

Großvater ging weiter und suchte nach dem ältesten Baum. Jedesmal wenn er vor einem dicken, knorrigen Baum stand, schüttelte er nach einer Weile enttäuscht den Kopf und wanderte weiter. Gerade als er wieder bei einem alten Baum Halt machte, durchbrach ein lautes Knallen und Krachen die Winterruhe. Bunte Lichter flackerten am Himmel auf und ließen ihre Funken mal strahlenförmig, mal als schillernde Kugeln zur Erde fallen. Dann hörte er aus der Ferne das Glockengeläut der Kirche Sankt Peter und Paul. Die Töne wurden weit durch die kalte Nacht getragen. Es war also schon Mitternacht. Ängstlich flüchteten die Tiere, die durch die Böllerschüsse aufgeschreckt waren, unter die schützenden Äste des alten Baumes. Den Großvater hatten sie in der Aufregung gar nicht bemerkt.

Auf einmal öffnete sich unter Ächzen und Stöhnen der alte Baum. Großvater hielt den Atem an. Da, die Rinde platzte auf. Vorsichtig drückten dicke, kleine Krallen die Rinde weiter zur Seite. Das sah aus, als ob der Baum in Falten gelegt werden sollte. Dann kam eine erst winzige, orangefarbene Nase zum Vorschein, die im Mondlicht glänzte. Sie wurde immer länger und länger, bis schließlich etwas Graublaues folgte und sich zu Bart und Haar verwandelte.

»Na, na, na, das ist aber heute ein Wahnsinnsspektakel. Ich war doch schon auf dem Weg. Ich weiß, daß heut' der 31. Dezember ist. Deswegen muss das doch nicht sooo laut zugehen. Oh, ehm, ihr Waldtiere seid ja schon da. Na, habt ihr denn auch eure Wünsche mitgebracht?«, ertönte die Stimme des Wintergeists.

Sofort vergaßen die Tiere ihre Angst und begannen wild durcheinanderzurufen. Jedes wollte seinen Wunsch zuerst vorbringen.

Großvater staunte. Was war das? Er verstand ja die Sprache der Waldtiere. Das musste der Zauber der Silvesternacht sein.

»Schschsch«, machte der Wintergeist. »Redet nicht alle gleichzeitig. Ich möchte von jedem Einzelnen seinen Wunsch hören. Ich sammle sie dann und zum Schluß atme ich den Zauberhauch aus und eure Wünsche gehen sogleich in Erfüllung. Wenn ihr durcheinanderredet, vertausche ich am Ende noch die Wünsche.«

31.Dezember

Das wollten die Waldtiere natürlich nicht. Und so begann zuerst der Fuchs. Er wünschte sich Flügel. Er wollte so gerne einmal den Wald von oben sehen.

Das Eichhörnchen wünschte sich eine riesig lange Leiter, die bis zum Himmel reichen sollte. Es wollte einmal dort oben von Stern zu Stern hüpfen können.

Der Rabe wünschte sich eine Singstimme, die noch schöner klingen sollte als die der Nachtigall. Er wollte im Vogelchor einmal der Solosänger werden.

Das Wildschwein grunzte verlegen. »Nun, welchen Wunsch hast du?«, wollte der Wintergeist wissen.

»Also, ich wünsche mir einen Kamm und einen Spiegel und ...«

»Das Wildschwein ist nämlich verliebt«, tschilpte der vorlaute kleine Spatz.

»Nun, verliebt sein ist schön«, lächelte der Wintergeist. »Aber Wildschwein, du wolltest doch noch etwas sagen, sprich ruhig weiter.«

Da erzählte das Wildschwein mutig, dass es sich noch ein Paar Schlittschuhe wünsche. Denn es wolle seiner Freundin, der süssen Wildsau, auf dem zugefrorenen Bach eine Pirouette vortanzen.

Der Wintergeist schaute mit großen, weitaufgerissenen Augen das Wildschwein an. Dann nickte er liebevoll: »Ein Wildschwein, das auf dem Eis tanzt. Warum nicht?«

Da musste Großvater lachen. Er lachte und lachte. Ja, er lachte so sehr, dass die Baumkrone wackelte und die Äste dazu eine Melodie klirrten.

Doch, o weh! In Sekundenschnelle war der Wintergeist im Baum verschwunden, noch bevor er die Wünsche erfüllen konnte.

Sogleich zwitscherten, trällerten, grunzten und röhrten die Tiere wieder ganz normal und Großvater verstand kein einziges Wort mehr. Die Tiere stoben auseinander. Nur das Wildschwein trottete, den Kopf nach unten gesenkt, langsam davon. Alles war wieder, wie es vorher war. Im Wald war es ruhig. Der Zauber war vorbei.

Zu dumm, dass Großvater lachen musste. Aber ehrlich gesagt, witzig ist es ja schon, wenn man sich ein Wildschwein auf Schlittschuhen vorstellt.

»Ich hatte ganz vergessen mir etwas zu wünschen, so sehr hatte mich das Geschehen fasziniert. Und doch, es war etwas Sonderbares vorgefallen. Ich hatte die Sprache der Tiere verstanden. Das muss doch Zauber gewesen sein. Oder? Ich beschloss, im nächsten Jahr wieder hierherzukommen. Aber so ist das nun mal im Leben. Jedes Jahr kam mir etwas dazwischen, immer gab es an Silvester etwas anderes zu tun. Das heißt, einmal noch machte ich mit Freunden eine Silvesterwanderung. Aber ich fand den alten Baum nicht mehr. Vielleicht waren wir auch einfach nur zu laut und störten die Winterruhe zu früh.«

31.Dezember

Dann seufzte er und lehnte sich in seinen Sessel zurück. »Du bist noch jung«, sagte er, »du solltest einmal schauen, ob du den alten Baum findest.«

»Das werde ich«, versprach ich. »Ganz bestimmt werde ich es versuchen.«

Christel Müllenbach

Die Autorinnen

Elke Bräunling
geboren 1959, lebt in Schriesheim. Sie leitet den Musikbär-
Verlag und hat zahlreiche Bücher, Geschichten und Liedtexte
für Kinder veröffentlicht.

Vivi Heider
geboren 1949, lebt in Donaustauf. Sie ist seit fast 20 Jahren
freie Autorin für Lyrik, Satire und Kindertexte. Sie arbeitet u.a.
auch für die ›Sendung mit der Maus‹.

Christel Müllenbach
geboren 1954, lebt in Hönningen/Ahr. Sie ist Erzieherin und
Heilpädagogin und leitet die Tagesstätte der Robert-Wetzlar-
Schule in Bonn (UNESCO-Schule). Sie hat zahlreiche Kindergeschichten und Kindertheaterstücke geschrieben.

Irene Wirth
geboren 1937, lebt in Schwabach. Sie hat lange Zeit als Erzieherin in Kindergärten und Sonderschulen gearbeitet. Sie
schreibt u.a. für den Bayerischen Rundfunk Geschichten für
Kinder.

Originalausgabe

Die Deutsche Bibliothek – CIP-Einheitsaufnahme

Mein Dezemberbuch : Kindergeschichten für jeden Tag im
Winterweihnachtsmonat / mit Erzählungen von Elke Bräunling ... –
Orig.-Ausg. – Gütersloh : Gütersloher Verl.-Haus, 1997
   (Gütersloher Taschenbücher ; 1529)
   ISBN 3-579-01529-X

ISBN 3-579-01529-X
© Gütersloher Verlagshaus, Gütersloh 1997

Umschlaggestaltung: Init, Bielefeld, unter Verwendung
einer Illustration von Jenny Dalenoord, Den Haag, Niederlande
Satz: Weserdruckerei Rolf Oesselmann GmbH, Stolzenau
Druck und Bindung: Clausen & Bosse, Leck
Printed in Germany